TAROT
ET
ASTROLOGIE

Cet ouvrage a été originellement publié par
DESTINY BOOKS
One Park Street
Rochester, Vermont 05767

sous le titre : TAROT AND ASTROLOGY

Publié avec la collaboration de
Montreal-Contacts/The Rights Agency
C.P. 596, Succ. «N»
Montréal (Québec)
H2X 3M6

Dépôt légal, 3e trimestre 1990
Bibliothèque nationale du Québec
Bibliothèque nationale du Canada
ISBN 2-89089-738-9

LES ÉDITIONS QUEBECOR
une division du Groupe Quebecor inc.
4435, boul. des Grandes Prairies
Montréal (Québec)
H1R 3N4

Distribution : Québec Livres

Conception et réalisation graphique
de la page couverture : Bernard Lamy

Impression : Imprimerie L'Éclaireur

Muriel Bruce Hasbrouck

TAROT ET ASTROLOGIE

Traduit de l'américain
par
Monique Plamondon

À

PULCH, PERDURABO et PAUL
qui m'ont initiée, guidée
et disciplinée
dans la poursuite de mon propre destin.

LES CYCLES DE DIX JOURS
tels qu'ils apparaissent au cours des
QUATRE COURBES DE L'ANNÉE SOLAIRE

leurs caractéristiques de base, potentiels et fréquences,
indiqués au moyen de hachures, de nombres et de symboles.

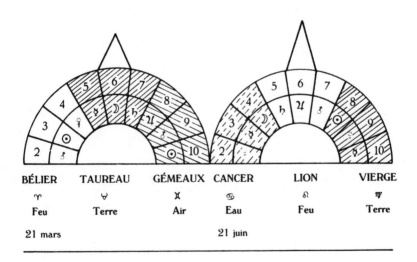

BÉLIER	TAUREAU	GÉMEAUX	CANCER	LION	VIERGE
♈	♉	♊	♋	♌	♍
Feu	Terre	Air	Eau	Feu	Terre
21 mars			21 juin		

LES QUATRE CARACTÉRISTIQUES DE BASE

☐ Feu

▨ Eau

▨ Terre

▨ Air

LES SEPT SYMBOLES PLANÉTAIRES

⊙ Soleil

♀ Vénus   ☿ Mercure   ☽ Lune

♄ Saturne   ♃ Jupiter   ♂ Mars

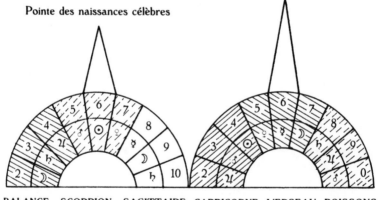

Pointe de la radiation solaire

Pointe des naissances célèbres

BALANCE	SCORPION	SAGITTAIRE	CAPRICORNE	VERSEAU	POISSONS
♎	♏	♐	♑	♒	♓
Air	Eau	Feu	Terre	Air	Eau

22 septembre   22 décembre

Chaque individualité est infiniment perfectible.

TABLE DES MATIÈRES

AVANT-PROPOS

On a demandé, un jour, à un homme célèbre quel avait été l'événement le plus important de sa vie. «Ma naissance!», a-t-il répondu.

On ne saurait dire mieux. Toutefois, l'acte essentiel et physique de la naissance n'est que le premier aspect de son importance. Depuis des siècles — depuis si longtemps, en fait, qu'il est impossible d'en rejeter le concept —, il existe une croyance universelle qui attache au *moment* même de la naissance une signification de la plus haute importance, parce qu'il peut être interprété comme une indication de l'identité de la personne. Cette croyance persistante, immortelle, a fait naître des systèmes de pensée sur les plans les plus élevés de l'harmonie universelle. Ces systèmes, toujours basés sur une structure simple de ce que l'on appelle l'humanisme cosmologique, relient les mécanismes célestes visibles à la vie quotidienne qui se déroule sur terre.

Lorsque nous avons élaboré la formule exposée dans le présent ouvrage, établissant pour la première fois des rapports entre les anciennes croyances et la psychologie et la science modernes, la constante qui est ressortie de l'étude de la personnalité a donné lieu à l'étonnement et au scepticisme, surtout de la part des milieux scientifiques. Toutefois, au cours des quarante-cinq dernières années, cette rigueur scientifique a dû céder, faire preuve de plus de flexibilité et même (de temps à autre) s'interroger et être à l'écoute, tout au long de ses recherches et découvertes.

En outre, depuis la fin de la Seconde Guerre mondiale, une vague cyclique d'insatisfaction s'est abattue sur le monde, affectant particulièrement, mais non exclusivement, la jeunesse. Il est devenu évident que, dans la quête éternelle d'une identité significative, les vieilles religions et philosophies se sont effondrées. Le nouvel intérêt, à l'échelle mondiale, pour la psychologie vulgarisée a suscité un regain de popularité pour toutes les formes d'«occultisme» et, plus particulièrement, pour l'astrologie. Ce récent engouement charrie naturellement avec lui de vieilles superstitions, accumulées au cours des siècles. Toutefois, à la lumière des réalités d'aujourd'hui, il ne saurait y avoir de développement plus naturel, plus à propos et plus encourageant que ce besoin de plus en plus répandu de résoudre, par tous les moyens possibles, le problème central de chaque personne : *Qui suis-je? Que signifie tout ceci?*

Ce changement d'orientation de la psychologie populaire est certainement attribuable au fait que, depuis l'avènement de l'ère spatiale, la pensée scientifique est sortie de sa tour d'ivoire intellectuelle. Elle a influencé tous les domaines de la vie et apporté cette habileté universelle à *voir* et à *entendre* loin (et vite), au-delà de nos anciennes limites. Comment la jeunesse moderne — ou ses aînés — pourrait-elle se conformer à des réalités dépassées lorsque, chaque jour, de nouvelles évidences s'imposent à leurs yeux et à leurs oreilles et poussent leurs esprits à l'action? L'homme a soudain repris conscience du fait qu'il appartient à un vaste cosmos; il n'est pas qu'une mince poussière sur une boule de matière tournant autour du soleil. Et, compte tenu de cette nouvelle prise de conscience cosmique, où un esprit chercheur pourrait-il trouver des réponses à ses problèmes personnels, sinon dans les croyances séculaires qui se trouvent au coeur de la reconnaissance humaine instinctive de l'importance de la date de naissance? Surtout aujourd'hui, alors que cette reconnaissance a été combinée, comme elle l'est dans cet ouvrage, aux découvertes de la science et de la psychologie modernes.

Pendant que les diseurs de bonne aventure prospèrent et que l'on a recours aux ordinateurs pour éliminer la confusion qui existe parmi les signes du zodiaque, les planètes et les dates de naissance, peu de gens sont conscients du fait que la science est en train de redécouvrir que les êtres humains, et tous les autres «systèmes vivants», font partie d'un *champ d'énergie commun*, que l'on considère d'origine solaire, à l'intérieur duquel le monde entier fonctionne naturellement et inévitablement, et qui change avec le temps. Toutefois, existe-t-il un lien raisonnable entre ce concept moderne d'un champ énergétique et l'importance d'une date de naissance?

Naître est un événement catastrophique. Le nouveau-né est lancé dans un élément étrange et hostile. Mais en quoi le moment de cet événement peut-il être si important qu'il conditionne le cours entier de sa vie? Une simple corrélation entre ce fait biologique et la théorie du champ énergétique suggère une réponse. Si le corps physique, dans toute sa complexité ordonnée, peut surgir d'un nucléus microscopique, la structure psychologique de l'être humain peut également avoir un nucléus psychologique. N'est-il pas raisonnable de déduire qu'au «moment dans le temps» où l'être humain devient partie intégrante du champ électromagnétique de la terre, *au moment où il prend sa première respiration*, l'organisme du nouveau-né reçoit une «charge» de ce champ, un nucléus psychologique, l'image de la personnalité qui se développera tout au long de la vie?

Il y a plusieurs siècles, la philosophie chinoise (Tao) disait: «Au moment de la naissance, l'esprit conscient aspire le pouvoir de l'air et devient ainsi l'habitacle du nouveau-né.» Plus près de notre époque, le grand psychologue Carl Gustav Jung a exprimé ce concept avec davantage de clarté. Au terme d'une vie entière consacrée à l'étude de la science et de la philosophie de la personnalité humaine, il a écrit: «Ce qui naît ou est accompli à un moment particulier dans le temps possède les *caractéristiques* de ce moment.»

Mais quelles sont les caractéristiques du temps? Où les trouve-t-on? Comment peut-on les mesurer et les évaluer, relativement au «moment dans le temps» où la naissance a lieu?

Il y a plusieurs années, j'ai entrepris des recherches pour répondre à ces questions, recherches auxquelles a participé, au début des années 1930, mon époux sceptique mais tout aussi curieux. Lui aussi cherchait des réponses à des questions parallèles: quelles sont, si elles existent, les forces responsables des changements de tendances dans le monde des affaires? Comme nos questions avaient trait à des *êtres humains*, aux raisons qui justifient leur conduite, bonne ou mauvaise, nos recherches respectives pouvaient facilement se combiner.

Nous avons commencé par poursuivre le travail que j'avais déjà entrepris: un examen critique et exhaustif de tous les systèmes et de toutes les méthodes qui avaient été utilisés en astrologie. Nous nous sommes vite rendu compte qu'il nous serait impossible de trouver les réponses que nous cherchions dans l'amas de doctrines confuses traitant de ce sujet, mais que nous ne devions pas rejeter le concept qui formait *la base* de ces doctrines; trop de preuves attestaient de son bien-fondé. Kepler, le plus grand des astronomes, a maintenu jusqu'à sa mort que, quelque part dans ce qu'il appelait le tas de déchets astrologiques, se trouvait un trésor caché, une «perle» qui attendait qu'on la découvre. C'est en poussant notre recherche très loin dans l'histoire, dans la mythologie et dans la physique moderne, que nous avons trouvé ce que nous cherchions.

Comme il arrive souvent en recherche, la réponse est venue d'une source inattendue. Juste au moment où, désespérés, nous songions à démissionner, nous avons découvert ce qui ne pouvait être qu'un système structural ou modèle des «caractéristiques du temps». Calculée avec exactitude, comparée et définie, cette réponse se trouvait dans le paquet de cartes anciennes, hautes en couleur et supposément mystérieuses, du jeu appelé le tarot.

INTRODUCTION

L'un des concepts les plus persistants de toute l'histoire de la pensée humaine est l'idée qu'il existe une relation bien définie entre la date de naissance et le destin d'un être humain. C'est une idée très ancienne; on la retrouve dans les écrits de toutes les civilisations et cultures connues. Elle possède un charme inéluctable, un attrait impérissable, ce qui explique peut-être en partie pourquoi elle a été condamnée, durant l'ère chrétienne, d'abord par les autorités ecclésiastiques, puis par les autorités scientifiques. Jusqu'à tout récemment, l'idée que le TEMPS puisse être un facteur déterminant de la vie humaine a été considérée comme une notion fantastique, indigne d'une considération intelligente.

Aujourd'hui, toutefois, par suite du développement de la physique moderne, dont les théories de la relativité et des quantas ouvrent de nouvelles avenues dans le temps et dans l'espace, le point de vue du milieu intellectuel est en train de subir un changement évident. Un grand nombre de scientifiques étudient sérieusement la possibilité d'établir un lien entre l'homme et son environnement cosmique, allant même jusqu'à analyser les influences saisonnières, selon la date de naissance, sur les potentialités individuelles. Tout en demeurant sceptique, la science fait preuve, dans certains domaines, d'un esprit plus ouvert sur ces questions, ce qui a permis cette nouvelle présentation du sujet ancien et controversé des dates de naissance et du destin.

Comme c'est le cas pour n'importe quelle nouvelle présentation d'un sujet ancien, les préjugés qui accompagnaient les vieilles hypothèses sont susceptibles de créer, à première vue, un problème de scepticisme chez le lecteur. Il semble que, dans ce cas-ci, l'obstacle puisse être surmonté en toute confiance, vu la convergence évidente des hypothèses anciennes et modernes. Le point de convergence particulier, où les anciennes théories et le savoir moderne se rencontrent et commencent à s'accorder, se situe dans l'intérêt scientifique moderne pour le soleil et pour son importance sur le bien-être et l'évolution de l'humanité. On dépense des fortunes sur la recherche d'information exacte quant à l'influence du soleil sur la vie humaine, cette influence étant, selon les termes de Harlan T. Stetson «spéculative mais pas du tout impossible».

Pendant que la science concentre ses instruments sur la radiation solaire, un phénomène correspondant est en train de se produire dans le monde pratique. De *Wall Street* aux laboratoires inviolables des grands instituts de recherche, dans les affaires, en économie et au gouvernement, on étudie le sujet des «cycles du temps», on en discute et on échafaude des théories. La pensée moderne, semble-t-il, s'intéresse à la théorie de l'Antiquité et du Moyen-Âge selon laquelle le cours du temps n'est pas qu'une simple abstraction, mais un processus presque tangible dans sa signification concrète; bref, que le temps est un facteur dont on doit tenir compte dans la compréhension et la poursuite de la vie humaine. Les physiciens lui ont même donné un nouveau nom : le *continuum espace-temps*.

Cet ouvrage contient le premier rapport d'une recherche indépendante dans le domaine des cycles du temps concernant le conditionnement de la date de naissance. On a dit que les deux qualités les plus importantes pour un chercheur étaient la curiosité et l'ignorance et, en ce qui concerne le sujet que j'ai choisi, je crois pouvoir affirmer que ma curiosité dépasse un peu la moyenne, de même que ma part d'ignorance générale. Mon intérêt pour l'idée de conditionnement par le temps est issu de mon désir naturel, à titre d'auteure, de comprendre les gens en tant que personnes. J'ai d'abord cherché une base à partir de laquelle je pourrais analyser les personnalités, leurs similarités, leurs différences et leurs relations les unes avec les autres. Ne trouvant pas une telle base dans les sciences orthodoxes modernes, telles que la biologie et la psychologie, j'ai dirigé mon attention vers les théories hétérodoxes de la date de naissance et du conditionnement par le temps, comme sources possibles d'information.

À cause de la rareté d'écrits authentiques, toute recherche dans le domaine des connaissances anciennes présente des difficultés, comme l'ont découvert d'autres chercheurs avant moi. Deux choses m'ont incitée à poursuivre mon travail malgré les contradictions, malgré les résultats illogiques et décevants, malgré les sarcasmes de presque toutes les personnes de mon entourage. D'abord la fascination qu'exerçait sur moi l'idée même d'une relation définissable entre la destinée humaine et le cours naturel du temps. Puis la conviction que, si tant de personnes avaient accepté et utilisé l'idée de la date de naissance et du conditionnement par le temps pendant d'innombrables siècles, elle devait avoir un fond de vérité.

Ma persévérance a finalement été récompensée à l'été de 1932, lorsque j'ai découvert un document qui offrait le premier indice d'un modèle du temps ordonné et pratique. Ce document était une description détaillée de l'ancien et mystérieux jeu de cartes appelé le tarot, vraisemblablement la forme originale et le précurseur du jeu de cartes ordinaire moderne. L'indice se trouvait dans le fait étrange que, tel que le décrit le document, chaque carte de l'ancien jeu était directement reliée, d'une façon ou d'une autre, à une période de temps spécifique de l'année solaire. En outre, les descriptions des cartes étaient exprimées de telle façon qu'elles semblaient pouvoir s'appliquer à la psychologie individuelle et elles englobaient toute l'année solaire, divisée en cycles de dix degrés, d'une durée approximative de dix jours.

Cette théorie m'a éclairée sur la possibilité que la formule originale de la date de naissance et du conditionnement par le temps, utilisée par les scientifiques de l'Antiquité et clairement approuvée par les rois, les prêtres et les savants, tout autant que par le peuple, soit basée sur *un cycle* répétitif *de dix jours*, plutôt que sur la répartition de l'année solaire en cycles zodiacaux de trente jours, tel qu'on l'accepte généralement aujourd'hui.

En plus du système de répartition du temps et des descriptions psychologiques, le document m'a fourni une série de symboles mythologiques, alchimiques et cabalistiques, qui se prêtaient à l'analyse et qui m'ont permis d'élaborer, pour la première fois dans le cours de ma recherche, un modèle logique de changements à l'intérieur de l'année solaire. Ces changements, semble-t-il, *pourraient* susciter une série de réactions correspondantes dans le comportement humain et servir de base pour une formule de conditionnement par la date de naissance.

Mis à l'épreuve au moyen de personnalités et de dates de naissance réelles, le modèle psychologique des cycles de dix jours s'est révélé, dès le début, exact et utile. Après presque neuf ans de tests et de corrélations, menés à partir d'un point de vue continuellement sceptique, l'hypothèse du cycle de dix jours s'est transformée en une formule de conditionnement par le temps qui ne peut être rejetée comme pure coïncidence ou fantaisie. En passant, je me dois de remercier les nombreuses personnes qui ont soumis leur personnalité et leur date de naissance à mon analyse au cours de mes recherches, de même que mon époux, qui a contribué à mon travail, de façon active et indispensable, depuis le début.

Comme pour un grand nombre d'autres formules, celle-ci ne s'explique pas facilement. Ce qui me rappelle la déclaration d'un professeur au sujet de la fameuse formule mathématique $e^{ir} + 1 = 0$: «Nous ne la comprenons pas et nous ne savons pas ce qu'elle signifie, mais nous l'avons prouvée et nous savons, par conséquent, qu'elle est exacte.»

Nous savons deux choses au sujet de la formule basée sur le cycle de dix jours. Premièrement, d'après la nature de ses sources, nous savons qu'elle existe depuis plusieurs siècles, et qu'elle a dû être établie de façon empirique, à un moment donné, par un travail considérable et méticuleux. Deuxièmement, grâce aux résultats d'expériences vécues, nous savons qu'elle fonctionne. Pour cette raison, parce qu'elle a aidé un grand nombre de personnes qui s'interrogeaient sur elles-mêmes, sur leurs familles, leurs amis et leurs ennemis, j'explique ici la formule avec force détails. Ceux que cela intéresse trouveront également, dans le présent ouvrage, l'histoire de cette formule et de ses antécédents; ils y verront le lien étrange et fascinant qui existe entre la structure de l'année solaire et celle du jeu de cartes, de même que l'origine possible de ce dernier.

Telle qu'elle est présentée ici, la formule du cycle de dix jours peut servir d'indicateur expérimental dans la poursuite du destin, par quiconque possède une date de naissance! À ceux qui n'ont pas besoin de poteau indicateur, j'espère que la formule servira de tremplin, ou même de moyen d'échapper aux conceptions chaotiques de la vie et de l'humanité qui nous sont imposées par les apparences, pour atteindre un sentiment de confiance dans ce qu'Einstein a merveilleusement appelé l'«harmonie intérieure du monde».

Pour accomplir la tâche de reconstruction humaine qui nous incombera pendant les quelques prochaines décennies, nous allons devoir rétablir notre foi face au destin, à titre de valeur digne de poursuite. La reformulation d'une foi ancienne, adaptée à une forme et à une expression modernes, nous fournira peut-être une partie des mécanismes mentaux et spirituels de l'avenir.

M. B. H.

PREMIÈRE PARTIE

PREMIÈRE PARTIE
LA NOUVELLE-FRANCE
PÉDAGOGIQUE NOUVELLE

1

UNE IDÉE ANCIENNE, UNE APPROCHE NOUVELLE

Se voir soi-même, c'est être clairvoyant.
Lao-Tseu, *Livre du Tao et de sa vertu*

Dans tout homme, il y a un peu de tous les hommes.
G. C. Lichtengerb, *Aphorismen*

Dans les histoires de détective, l'une des formes de littérature les plus populaires, l'attention du lecteur est toujours concentrée sur une question capitale : QUI a commis le crime? Le coupable est le centre d'intérêt, plutôt que le crime lui-même ou la façon dont il a été commis.

Il semble que lorsqu'il s'agit d'éclaircir les problèmes de tous les jours, la vie ressemble étrangement à une histoire de détective, non seulement par sa complexité, mais aussi par le fait que les événements, importants ou secondaires, internationaux ou domestiques, catastrophiques ou insignifiants, sont causés principalement par les actions d'une certaine personne en particulier. L'histoire a prouvé, maintes et maintes fois, qu'un homme peut, à lui seul, bouleverser le monde, et l'expérience contemporaine s'acharne à prouver ce truisme. Tout le monde sait qu'un membre d'une famille peut, à lui seul, détruire le bonheur d'un foyer, qu'un partenaire d'une entreprise peut faire disparaître un commerce florissant et qu'un seul invité déplaisant peut gâcher toute une réception.

Il est également vrai qu'aucune situation n'a jamais été réglée autrement que par l'action d'une personne en particulier. Une certaine personne est toujours au centre de tout ce qui se passe, qu'il s'agisse d'une guerre mondiale ou d'un accident d'automobile, de grandes réalisations industrielles ou nationales, du bonheur des enfants ou de la culture de meilleurs bleuets.

Par conséquent, il est curieux que, malgré les énormes progrès de la science dans presque tous les domaines pratiques de la vie, on connaisse très peu la structure psychologique de l'être humain ou, plus simplement, les raisons de la conduite des gens, bonne ou mauvaise. Le monde est toujours étonné lorsqu'une quelconque personne obscure atteint le pouvoir, ou lorsqu'une idole tombe de son piédestal. Par-dessus tout, dans les affaires intimes des relations humaines de chaque jour, notre incapacité de nous comprendre les uns les autres est responsable de la plupart de nos soucis. Nous souffrons également de notre incapacité de nous comprendre nous-mêmes.

Un vieux proverbe dit : «Tout comprendre, c'est tout pardonner», mais une version plus pratique serait plutôt : «Tout comprendre, c'est être en mesure de régler la situation.» On a toujours cru que, si l'on découvrait quelque méthode ou formule qui nous permettrait — sans passer par les erreurs, le malheur ou même la tragédie — de *connaître* les gens que nous aimons, avec qui nous vivons, avec qui nous travaillons ou que nous rencontrons dans la vie quotidienne, il est fort possible que la vie en général deviendrait plus facile. Et si une telle formule était disponible, nous pourrions l'appliquer non seulement aux autres personnes, mais aussi à nous-mêmes. L'une des idées les plus persistantes du monde civilisé est la théorie que, si nous nous connaissions nous-mêmes, nous serions plus heureux.

Cet ouvrage expose une formule simple et pratique pour comprendre et analyser les gens : les autres et nous-mêmes. Cette formule est un mélange d'idées anciennes et modernes; c'est une application nouvelle d'une vieille hypothèse. La nouvelle formule est utilisée depuis près de quarante-cinq ans et son application, qui a touché des milliers de personnes, a renforcé considérablement la croyance indestructible en la valeur de la connaissance de soi, en plus de fournir un raccourci efficace vers l'objectif plus moderne de comprendre son prochain. Elle remplace l'idéal plutôt égocentrique de se faire des amis et d'influencer les gens, par l'objectif plus simple d'être soi-même et de comprendre les autres.

Les psychologues, éducateurs et chefs d'entreprises modernes ont fait beaucoup d'efforts pour résoudre le problème de l'analyse de la personnalité humaine. Ils ont obtenu un grand nombre de résultats intéressants, qui ont été popularisés par le biais de livres et d'articles de journaux et de revues : méthodes de classification par types, tests de personnalité, tests d'intelligence, évaluations mentales et bien d'autres. En règle générale, les méthodes servent à des fins professionnelles et comme elles varient considérablement, sur le plan des facteurs utilisés de même que sur celui des résultats, elles ne sont pas d'une grande utilité pour le profane, c'est-à-dire pour la personne moyenne. Elles ne nous aident pas, ni vous, ni moi, à comprendre pourquoi certains d'entre nous sont heureux lorsqu'ils travaillent dans leur jardin et malheureux si on leur demande de proposer un toast, alors que d'autres ne peuvent pas faire la différence entre un rosier et un chou, mais aspirent à la vie publique et au pouvoir.

Ces diverses méthodes d'analyse de la personnalité ne nous donnent pas non plus d'indices sur le plus grand des mystères : celui des relations humaines. Elles n'expliquent pas pourquoi une personne est constamment amicale envers vous mais hostile à mon endroit, pourquoi un mariage réussit alors qu'un autre échoue, ni pourquoi certaines familles vivent harmonieusement alors que d'autres ressemblent à des ménageries d'animaux sauvages mal assortis. Plus encore, aucune des méthodes proposées pour mieux comprendre les gens, et qui ont été offertes au monde moderne, ne suggère qu'il puisse exister un plan ordonné ou un modèle de comportement humain. À la lumière de la science moderne, la toile de fond de notre univers physique immédiat semble présenter un ordre satisfaisant, du système solaire à l'atome. Cependant, au sujet de la structure psychologique de l'humanité, nous ne pouvons que répéter les paroles de Shakespeare : «Un monde fou, maîtres!» et nous en tenir à cela.

Toutefois, ces problèmes précis ont soulevé l'intérêt de l'humanité à différentes périodes dans le passé. Chaque fois qu'un degré de civilisation élevé permet la richesse et les loisirs, le savoir et la culture évoluent. Comme le prouve l'histoire, il y a toujours eu un regain d'intérêt pour la structure mentale et spirituelle de la race humaine, au cours de ces apogées de culture. Toutefois, à cause de l'étrange persistance de la race humaine à détruire tout ce qui est créé par chaque vague d'évolution de la civilisation, une grande part du savoir accumulé par les savants de l'Antiquité a été perdue, et un grand nombre de gens croient qu'un tel savoir n'a jamais existé, que la première époque scientifique de l'histoire a commencé avec Darwin.

Cependant, une part d'anciennes connaissances a survécu, assez pour suggérer que l'existence d'un véritable esprit scientifique, de loin antérieur aux temps modernes, est un fait et non un mythe. Les historiens nous disent qu'au cours de la dernière apogée de culture précédent l'âge des ténèbres — la période alexandrine, juste avant César et l'empire romain — les sciences, plus particulièrement les mathématiques et l'astronomie, de même que les arts, la poésie et la philosophie, avaient atteint un niveau de développement élevé.

C'est dans quelques vieux écrits traitant de sciences et qui ont survécu jusqu'à nos jours qu'on a trouvé le nucléus d'une nouvelle méthode d'analyse de la personnalité. La base de cette formule appartient au savoir de l'Antiquité, mais son développement et son application ont été considérablement rationalisés par les découvertes de la physique moderne. Sans la lumière qui a été jetée sur l'ancienne hypothèse par les récents développements de la théorie de la relativité, la formule serait demeurée un mystère encore plus profond qu'elle l'est. En effet, bien qu'elle donne des résultats d'une exactitude presque mathématique, notre formule garde un élément de mystère, qui n'est pas incompatible avec le point de vue scientifique moderne. Einstein lui-même a dit qu'en physique *ce ne sont pas les propriétés mais les probabilités* qui sont décrites.

Bien sûr, il n'est pas nécessaire de comprendre la formule pour pouvoir l'utiliser, comme le démontre l'histoire de la formule $e^{ir} + 1 = 0$, citée dans l'introduction. Personne ne sait ce qu'est l'électricité mais, par la découverte d'une formule après l'autre, depuis que Benjamin Franklin a fait voler son célèbre cerf-volant, l'électricité est devenue la servante de l'humanité. Nous utilisons probablement la quatrième dimension chaque jour de notre vie, mais personne ne la comprend. Edward Kasner, auteur de *Mathematics and the Imagination*, nous reproche ce qu'il appelle «notre désir de logique, plutôt puéril[1]».

L'ancienne théorie de conditionnement par la date de naissance, qui forme la base de la nouvelle formule, a survécu depuis le début de l'Histoire. Plutôt dépouillée à l'origine, elle a naturellement accumulé, au cours d'innombrables siècles, une bonne part de matière superflue, comme le lichen sur un vieil arbre. Toutefois, malgré ces appendices, la théorie a survécu avec une vitalité persistante et a connu, au cours des dernières années, une véritable régénération imputable à un accroissement soudain de l'intérêt du public pour sa manifestation la plus familière. La base de la théorie est que, en plus d'autres facteurs reconnus de conditionnement du caractère et de la personnalité, tels que l'hérédité, l'environnement et l'éducation, il existe, dans l'ordre humain des choses, un facteur de conditionnement psychologique qui est relié à la date de naissance de la personne.

Toute suggestion de conditionnement des affaires humaines, en masse ou individuellement, par le simple facteur d'une période de temps, a été considérée par la plupart des penseurs modernes comme dépassant les

---

1. Voir *Mathematics and the Imagination* (les Mathématiques et l'Imagination), Edward Kasner et James Newman, Simon et Schuster, 1940.

limites de la crédibilité. Bannie par l'Église au cours des premiers siècles du christianisme, l'«astrologie», à cette époque, est devenue un sujet
tabou. Aujourd'hui, l'approche mécanique de la science face aux problèmes humains, approche qui remonte à Darwin, a écarté le postulat
voulant que l'homme fasse partie de l'ordre naturel des choses et que,
par le simple fait de naître, il occupe une certaine place bien définie dans
cet ordre de choses, où il détient un droit inaliénable à la poursuite de
son bonheur.

Cette idée agréable et respectueuse de soi a été rejetée par les scientifiques du début du XXe siècle, de la même façon qu'elle avait été
désavouée par l'Église, sous peine de condamnation au bûcher. (Nous,
les modernes, ne brûlons pas nos astrologues, mais il est arrivé que
nous en mettions en prison.) Les détails historiques de cet aspect du
sujet sont si intéressants qu'ils méritent un chapitre à eux seuls, que
l'on retrouvera plus loin dans cet ouvrage. Toutefois, il suffit pour le
moment d'établir que, bien que la nouvelle formule soit basée sur
l'ancienne théorie de conditionnement par le temps, la présente approche n'a jamais été offerte auparavant, pour autant que je sache, et la
formule a assez de rapports avec certaines découvertes de la physique
moderne pour suggérer que, quelque part, au coeur de l'idée, se trouve
un fond de vérité scientifique.

La principale différence entre les idées traditionnelles, au sujet du conditionnement par la date de naissance, et la formule cyclique est évidente. Alors que les théories traditionnelles placent les facteurs
déterminants à un endroit vague «dans le ciel», et les appellent tout simplement «les étoiles», la théorie sur laquelle repose la nouvelle formule
ramène tout le sujet à la terre et le lie aux phénomènes terrestres familiers. La possibilité d'une corrélation vraiment scientifique entre certains
éléments fondamentaux de l'ancien modèle de conditionnement par la
naissance et des développements plus modernes de la physique est une
autre partie du sujet qui exige un chapitre complet. Le lecteur à tendance scientifique trouvera, au chapitre 4, troisième partie, des faits intéressants qui suggèrent que la psychologie «moderne» est peut-être le
descendant légitime d'une science beaucoup plus ancienne, et que la structure de l'«univers électrique» de la physique d'aujourd'hui était familière
aux savants de l'Antiquité.

Brièvement, à titre de présentation de la formule elle-même, voici,
en quelques mots, une explication du principe de base du conditionnement par la date de naissance :

En tant qu'êtres humains, nous vivons dans le monde parce que la terre répond à nos besoins essentiels. Elle nous fournit la nourriture, les vêtements et l'air dont nous avons besoin. Ce dernier élément nous semble le plus essentiel. À moins de pouvoir respirer, nos autres facultés sont compromises.

L'atmosphère qui entoure la terre, et qui porte plusieurs noms différents, a toujours fait l'objet d'un intérêt spécial de la recherche scientifique. Certaines des découvertes les plus récentes de la physique, à ce sujet, suggèrent que nous vivons dans *un champ d'énergie* qui entoure et enveloppe la terre comme un halo invisible chargé de courants électriques. Il semble donc que, non seulement ce champ mystérieux nous fournit l'air que nous respirons, mais il fait beaucoup plus. À même son énergie, nous alimentons les «batteries» de nos nerfs et de nos organes, de façon à pouvoir fonctionner efficacement, comme habitants de la terre, dans notre sphère normale. Einstein affirmait que, pour le physicien, ce champ a autant de réalité que la chaise sur laquelle il est assis.

Aujourd'hui, la science dispose de plusieurs méthodes pour mesurer les effets physiques de ces courants électriques. Certains faits, pertinents à la formule cyclique, semblent émerger de ces mesures. L'une suggère que l'énergie du champ terrestre est toujours en état de changement. Une autre, que les changements qui se produisent dans le champ semblent reliés à des changements de radiation solaire; en d'autres termes, que le soleil est le facteur le plus important de la création des conditions atmosphériques de la terre. Et une autre, encore à l'état expérimental, suppose que les changements cycliques qui se produisent dans ce champ ont *possiblement* un effet mesurable sur les réactions psychologiques des êtres humains, et qu'ils sont *possiblement* reliés à des changements observables dans la psychologie populaire.

Chaque année, on dépense des millions de dollars pour l'étude de la radiation solaire et de ses relations pratiques possibles avec la vie humaine et ses problèmes. Harlan True Stetson, du *Massachusetts Institute of Technology*, a dit ce qui suit :

Le soleil est certainement l'étoile la plus importante pour nous, êtres humains, habitants de la planète Terre... Nous ne pouvons vivre sur cette terre qui est nôtre que parce que la distance de la terre par rapport au soleil est telle que nous obtenons exactement la quantité et la qualité de radiation qui rend la vie possible... *L'idée que des changements solaires puissent affecter momentanément l'équilibre des différents facteurs influençant le comportement humain est peut-être spéculative mais pas du tout impossible.* Ceci dit, il n'y a pas de mal à donner libre cours à notre imagination. Il peut être surprenant de découvrir les diverses façons dont les changements solaires se reflètent dans les affaires terrestres[2].

Si on les analyse et si on les réduit à leurs éléments de base, on découvre que tous les anciens systèmes de conditionnement par la date de naissance, sans exception, reposent sur l'année solaire, c'est-à-dire sur la relation régulière entre la terre et le soleil. Bien que différentes civilisations du passé, chinoise, hindoue, grecque, arabe, européenne médiévale et d'autres, aient laissé des documents épars traitant d'une variété de modèles et de divisions de leurs nombreux systèmes de conditionnement par le temps, elles sont toutes d'accord sur un point : la base de tous leurs systèmes est l'année solaire. Nous avons appris à l'école, pour la plupart, que l'année solaire, que nous mesurons habituellement en termes de saisons, de mois et de semaines, selon le calendrier, est créée par une révolution complète de la terre autour du soleil. Les révolutions des autres membres de la famille du soleil, les planètes, sont secondaires par rapport au grand facteur central de la révolution annuelle de la terre autour du soleil, laquelle, selon les scientifiques, est le principal facteur responsable de la création du champ primordial de la terre[3].

Les quatre saisons constituent les divisions fondamentales et naturelles de l'année. Les inventeurs de calendriers ont ajouté de temps à autre d'autres divisions, de différentes durées. Toutefois, l'astronomie moderne utilise toujours la méthode traditionnelle, qui consiste à diviser le cercle de l'année en douze sections, chaque période couvrant 30 des 360 degrés de la circonférence de la sphère céleste. Le «voyage annuel» apparent du soleil dans la sphère céleste, tel qu'il est observé de la terre, détermine ces degrés, même si nous savons que le «déplacement» du soleil est une illusion d'optique. Et l'astronomie moderne continue d'utiliser les noms symboliques qu'ont donnés les anciens aux douze périodes annuelles de 30 degrés, connues familièrement comme les douze signes du zodiaque[4].

La formule de conditionnement par la naissance basée sur le cycle de dix jours s'appuie aussi sur la structure fondamentale de l'année solaire. Elle émane de la supposition générale des scientifiques de l'Anti-

---

2. *Sun Spots and their Effects* (les Taches solaires et leurs Effets), Harlan True Stetson (pages 10-11), McGraw-Hill, 1937.

3. Voir *Scientific Progress*, Sir James Jeans *et al.* (page 96), MacMillan, 1936.

4. Les douze signes du zodiaque sont : Bélier, Taureau, Gémeaux, Cancer, Lion, Vierge, Balance, Scorpion, Sagittaire, Capricorne, Verseau, Poissons.

quité voulant que les transformations dans l'aspect de la sphère céleste, produites par le changement constant de positions des planètes de la famille du soleil, y compris, bien sûr, la terre, aient des effets *psychologiques*, de même que des effets *physiques* sur les conditions humaines et que, par conséquent, la situation, dans le temps, de la date de naissance d'une personne influence sa structure psychologique. Appelez la *sphère céleste* le *champ*, et cette idée devient plus rationnelle.

Nous ne savons pas vraiment comment les anciens appelaient cette sphère d'influence, mais la science moderne lui a donné un nom. Bien que, à ce jour, aucun physicien ne se soit officiellement prononcé en faveur de l'hypothèse du conditionnement par le temps, on ne trouve pas non plus de physicien qui la dénonce officiellement. Car il semble, après réflexion, que la sphère d'influence céleste à laquelle les scientifiques anciens croyaient si fermement, et qu'ils reliaient à l'idée de *temps* de façons si variées, est peut-être ce que la science moderne appelle le *continuum espace-temps quadridimensionnel*. Dans son célèbre énoncé sur les valeurs psychologiques de l'«astrologie», le docteur C. G. Jung a tout simplement appelé la sphère d'influence «un continuum temporel» et expliqué son influence en disant que «ce qui naît ou est accompli à n'importe quel moment du temps possède les caractéristiques de ce moment du temps[5]».

Contrairement à l'«astrologie» traditionnelle, la formule basée sur le cycle de dix jours n'accorde aucune valeur psychologique spécifique aux signes zodiacaux mêmes. La formule repose sur la relation mathématique entre les *quatre* divisions majeures de l'univers ancien, que l'on appelait les autres «éléments», et une série de *trente-six* cycles annuels de dix degrés, chaque cycle ayant une durée d'environ dix jours.

On a découvert, en étudiant la corrélation de tous les facteurs auxquels fait appel la formule basée sur le cycle de dix jours (dont l'histoire et les sources sont entièrement expliquées au chapitre 4), que, au cours de la période de chaque cycle de dix jours, il existe une qualité psychologique prédominante, une humeur ou un sentiment généralisé, sur le plan de la psychologie populaire, dans la façon dont les gens réagissent à ce qui se passe. Quant à ce qui a trait à la psychologie individuelle, on a découvert que les personnes qui naissent au cours de n'importe lequel des cycles de dix jours, lesquels sont clairement définis dans le temps, refléteront dans leur personnalité les qualités psychologiques de

---

5. Voir *The Secret of the Golden Flower*, Richard Wilhelm, commentaire de C. G. Jung (page 143), Harcourt, Brace, 1931.

base du cycle incluant leur date de naissance, peu importe l'année, le lieu ou l'instant où elles ont émis leur premier cri de protestation contre l'événement.

En acceptant la phrase *appartenir au cycle*, il semble que l'on demande au lecteur d'en tenir beaucoup pour acquis. Toutefois, nous devons nous souvenir de $e^{ir} + 1 = 0$. Et si le lecteur examine, plus loin, où et comment on a découvert, comparé, testé et prouvé les détails de ces facteurs psychologiques, si tant est que n'importe quelle formule d'analyse de la personnalité puisse être prouvée, par l'application pratique de ses facteurs à un certain nombre de personnes, au cours d'une période de temps considérable, leur exactitude plutôt fascinante deviendra plus convaincante.

Ce que la formule révèle au sujet des personnes nées au cours de périodes spécifiques des cycles est leur réaction naturelle fondamentale face aux défis de la vie.

On a dit que la vie présente trois défis qui semblent englober les problèmes pratiques de la vie quotidienne, de façon claire et efficace : le sexe, le travail et les relations sociales. La formule du cycle de dix jours va un peu plus loin; elle élargit et élabore le triple caractère des défis. Elle propose trois facteurs ou ingrédients principaux, dans la structure de chaque portrait de la personnalité, fonctionnant, chez chaque être humain, selon ce qu'on pourrait appeler un pourcentage psychologique.

Ces trois facteurs fondamentaux sont appelés, dans la formule, la CARACTÉRISTIQUE DE BASE, le POTENTIEL et la FRÉQUENCE.

Ainsi que nous l'avons déjà dit, les anciens savants divisaient toute la vie en *quatre* grandes catégories, auxquelles ils donnaient les noms symboliques de Feu, Eau, Air et Terre. La formule du cycle de dix jours utilise ces quatre symboles pour indiquer les *caractéristiques de base* : la réaction fondamentale de chaque personne aux défis triples d'aimer, de gagner sa vie et de s'entendre avec les autres. Ces quatre qualités servent de base, dans chaque cas, au fonctionnement des deux autres facteurs de la formule, de même qu'aux autres facteurs existants : le conditionnement physique et l'environnement.

Chaque cycle de dix jours s'inscrit nécessairement dans l'un ou l'autre de ces quatre groupes. Il est intéressant de noter, à cet égard, que Pythagore, au VII\ siècle avant J.-C., et C. G. Jung, à notre époque, sont arrivés à la même conclusion, à savoir qu'on peut diviser l'humanité

en quatre types ou groupes[6] psychologiques de base, et que la médecine moderne reconnaît quatre, et seulement quatre, groupes ou types
sanguins. Les quatre types de base forment la structure fondamentale
de la formule.

Deuxième en importance, dans le modèle de la formule, se trouve
un facteur de conditionnement désigné par un nombre. Comme l'année
solaire compte 36 cycles et 4 caractéristiques de base, la déduction mathématique normale serait que 9 cycles sont reliés ou appartiennent à chacune des 4 caractéristiques. C'est exactement la façon dont le modèle
fonctionne, en plus du fait que la formule présente une extension de
la question des nombres des plus intéressantes. En effet, il ne s'agit pas
que de simples nombres; ils sont attribués aux cartes numérotées du
jeu familier que nous utilisons pour le poker ou le bridge, et pour pré-
dire l'avenir. Les cartes utilisées sont celles qui sont numérotées de
DEUX à DIX. Les as sont discrètement laissés pour compte, le raisonnement étant possiblement que, dans la famille humaine, on ne naît pas
as, on le devient! Le jeu de cartes auquel les anciens savants font référence est, bien sûr, le jeu médiéval connu sous le nom de tarot, précurseur du jeu moderne et probablement à son origine. La base de la formule
a été découverte dans un document d'origine inconnue, contenant des
descriptions détaillées de chaque carte du tarot[7].

L'origine et la signification du jeu de cartes ont toujours été un mystère
d'un grand intérêt pour les historiens. La formule basée sur le cycle
de dix jours vient jeter une nouvelle lumière sur les questions de savoir
pourquoi le jeu de cartes est construit tel qu'il l'est, qui l'a imaginé, et
quel était le but de son invention. La réponse à ces questions nécessite
un chapitre entier, que l'on trouvera plus loin dans l'ouvrage. En passant, rappelons-nous l'affirmation pertinente faite par Alice, juste au
moment où elle retrouvait sa taille normale et s'apprêtait à quitter le
Pays des Merveilles pour revenir à la réalité, à savoir que la race humaine
n'est *rien de plus qu'un jeu de cartes*. Lewis Carroll, créateur d'Alice,
était mathématicien à ses heures, et bien des gens se doutaient que, dans
les récits fantastiques de Carroll, se trouvaient des vérités cachées.

À toutes fins utiles, pour la compréhension de la formule, les nombres tirés du jeu de cartes sont très importants. À chacun est attribué
un *potentiel* psychologique défini, c'est-à-dire une mesure d'énergie
psychologique, de pouvoir, qui constitue un facteur vital dans la struc-

---

6. *Types psychologiques*, C. G. Jung et *Collectanea Hermetica* (vol. 9, page 15).
7. Voir chapitre 3, troisième partie.

ture de la personnalité. Chaque cycle de dix jours a son propre nombre spécifique et est relié à une certaine carte du jeu de tarot.

La troisième série de facteurs de la formule est symbolisée par les noms des six planètes du système solaire les plus rapprochées, et par le soleil. On ne peut trop souligner qu'il ne s'agit *que de symboles* et que ces derniers n'ont rien à voir avec les corps célestes mêmes. L'ordre des symboles, dans le modèle, est arbitraire et similaire à celui d'un grand nombre des plus anciens systèmes de l'alchimie et de l'«astrologie». Il semble plausible que ces symboles indiquent la séquence d'une série de changements, ou de vagues de radiation solaire, à l'intérieur du «champ» de l'année, changements qui provoquent une réaction humaine correspondant aux pulsions émotionnelles traditionnelles représentées par les déités mythologiques dont les noms ont été donnés aux planètes. Parce que les facteurs de cette troisième série concernent évidemment les émotions, on les a appelés, dans la formule, des *fréquences*, terme emprunté à la physique, signifiant, au sens large, une vibration.

Ces trois ensembles de facteurs forment la structure de la formule des cycles de dix jours.

Lorsqu'on utilise la formule, il faut garder à l'esprit que le conditionnement par la date de naissance n'est qu'un des nombreux facteurs de conditionnement normaux qui influencent la personne. On pourrait croire que, de par sa nature, le conditionnement par la date de naissance devrait fournir les caractéristiques de la personnalité les plus fondamentales, intégrales et innées, et l'on a découvert que c'est le cas. Ces facteurs peuvent se manifester, en surface, de façons aussi différentes qu'il y a d'êtres humains dans le monde. Il n'existe pas deux personnes chez qui *tous* les facteurs de conditionnement de la vie sont les mêmes, pas même chez les jumeaux identiques.

Toutefois, on a découvert, comme le découvriront les lecteurs à mesure qu'ils étudieront les portraits psychologiques de leur date de naissance et de celles des personnes qu'ils connaissent intimement, de leurs connaissances, de leurs associés et des personnes célèbres dont les caractéristiques sont connues de tous, que la formule basée sur les cycles de dix jours fournit un portrait fondamentalement exact de la vraie personnalité psychologique de n'importe quelle personne née au cours de n'importe quel cycle donné.

Plus encore, la formule dresse un portrait, non pas d'«un monde fou, maîtres», mais d'un monde où les êtres humains apparaissent soudain comme faisant partie d'un ordre des choses équilibré, comme étant entièrement libres de poursuivre leur destin, mais confiants dans «l'harmonie intérieure du monde».

Si l'on peut reconnaître, ou même imaginer, que chaque personne a droit à sa propre place, à sa propre orientation, à sa propre orbite, dans l'univers humain, où elle *peut* accomplir ce qu'elle désire, poursuivre son destin et son bonheur en toute liberté, selon son droit inaliénable d'être elle-même, alors la redécouverte du modèle basé sur le cycle de dix jours et l'élaboration d'une formule qui permettra à chacun d'y recourir personnellement auront atteint un but constructif et satisfaisant.

2
L'ORDRE DE LA FORMULE

Les murs du monde formaient un grand carré, comme un jardin
ou un cloître parfait, une enceinte carrée dans laquelle, selon
l'Avesta, l'homme a d'abord été placé... Connaissant le
nouveau, vous devez chercher l'ancien.
W. R. Lethaby

La structure de la formule du cycle de dix jours est très simple, en ce sens qu'elle ne traite que des pulsions, des réactions et des désirs fondamentaux de l'être humain. Elle ne prétend pas qu'une saison soit productrice de génies, et une autre, productrice de faibles d'esprit. Le génie, comme la médiocrité et la folie, peut surgir de n'importe quel point de la séquence annuelle.

Par la *caractéristique de base*, le *potentiel* et la *fréquence*, la formule indique les trois principaux ingrédients ou facteurs psychologiques de chaque personne, selon le cycle de sa date de naissance. N'importe quelle personne est entièrement libre de faire ce qu'elle veut avec ses facteurs personnels. Le rôle de la formule est d'indiquer quels sont ces ingrédients factoriels et de suggérer, pour chaque personnalité, la meilleure façon de les utiliser, dans la résolution pratique des problèmes de chaque jour et dans l'approche générale face à la vie.

Lorsque j'ai formulé les principaux facteurs des portraits des personnalités des trente-six cycles, j'ai conservé, dans la mesure du possible, les symboles de la science ancienne, plutôt que de les traduire en expressions modernes. Les anciens symboles ont une certaine beauté, un certain charme, et la plupart des gens aujourd'hui les connaissent. Il m'a semblé également que nous devons, aux savants anciens, de retenir quelque chose du langage au moyen duquel ils nous ont légué leur savoir. En outre, le cycle de dix jours est basé sur l'année astronomique, et non sur l'année civile, si bien que les symboles sont exacts dans le temps. Les douze signes du zodiaque, de même que les dates approximatives de calendrier, sont mentionnés dans chaque cas, puisqu'ils sont les outils les plus efficaces pour répartir les cycles selon les périodes appropriées;

quant aux noms mythologiques, utilisés dans le cas des fréquences, ils servent à ajouter de la couleur au portrait. Chaque cycle de dix jours est titré d'un numéro et d'un signe, ce qui permet de l'identifier rapidement et efficacement.

Les cartes du tarot sont incluses pour compléter le portrait de la structure originale telle qu'elle est expliquée dans le document de référence, *Livre T*, décrit en détail au chapitre 3, troisième partie. Dans ce document, chaque cycle de dix jours est relié à une carte numérotée du jeu de tarot. Le symbole spécifique de la carte, c'est-à-dire la couleur et le numéro, est mis en rapport avec la caractéristique de base et le potentiel de chaque cycle. Les symboles mythologiques ou planétaires des fréquences sont inclus dans les descriptions des cartes, mais n'apparaissent pas sur les cartes même du jeu d'où ils ont été tirés. Le jeu utilisé est connu sous le nom de Waite, et il a été choisi parmi ceux qui sont disponibles aujourd'hui parce qu'il se sert de figures humaines symboliques. Ces personnages semblent suggérer, plus directement que les autres types de cartes, la caractéristique psychologique dominante tirée des descriptions des cartes numérotées. Dans bien des cas, les attitudes, les actions et les expressions des personnages symboliques reflètent assez fidèlement la personnalité générale de chaque cycle et les cartes, par conséquent, ont une certaine valeur et un intérêt certain pour l'interprétation des symboles et descriptions.

Les quatre caractéristiques de base

Celles-ci constituent la base générale de la structure de la personnalité et sont d'une importance capitale pour la compréhension de l'approche instinctive face à la vie, des autres et de soi-même. Peu importe la modification apportée par son potentiel et sa fréquence, chaque cycle, ainsi que nous le verrons, suscite la réaction typique de sa caractéristique de base dans la personnalité de chaque personne née au cours de cette période.

Les quatre types de base de la formule sont conformes à la fois à l'ancien modèle de la personnalité pythagorien et au modèle de la personnalité moderne jungien. La science ancienne attribue tous les phénomènes de la vie et de la nature aux quatre «éléments» de base, y compris les types de personnalité, et il est intéressant de découvrir que les divisions du docteur Jung, basées sur une vie entière de pratique et de recherche en psychologie, correspondent parfaitement au plan pythagorien et aux quatre caractéristiques de base de la formule des cycles de dix jours. Les caractéristiques de la formule sont traduites ici, à partir des symboles, aussi clairement qu'il est possible de le faire au moyen d'un seul mot ou d'une seule phrase, et la corrélation multiple est représentée comme suit :

Ancien symbole	Pythagore	Jung	La formule (caractéristique de base)
FEU	IMAGINATION	ÉMOTION	ÉNERGIE DYNAMIQUE
EAU	INTUITION	PENSÉE	FLEXIBILITÉ
AIR	RAISON	INTUITION	INTELLECTUALITÉ
TERRE	SENSATION	SENSATION	SENS PRATIQUE

Ceci signifie que toutes les personnes qui sont nées au cours de n'importe lequel des cycles de dix jours attribués à un certain type de base de la formule présenteront, dans leur personnalité, les caractéristiques de base de ce type.

Les termes utilisés ici pour décrire les quatre caractéristiques de base suffisent à peine, mais ils représentent l'approximation la plus exacte possible de la signification de ces caractéristiques, comme facteurs d'individualité. Il existe une science moderne appelée «sémantique», qui étudie l'usage approprié des mots et, de nos jours, elle est très populaire. Toutefois, en cours de traduction, en mots, de la formule du cycle de dix jours, l'auteure est devenue de plus en plus respectueuse de l'habitude des anciens d'utiliser des symboles, plutôt que des phrases, pour exprimer des idées profondes. Quand la science de la sémantique sera aussi périmée que l'alchimie et le dronte, nous parlerons tous de l'homme en termes de «igné» et de «terrien» et nous serons compris. «Aérien» et «aqueux» ne sont pas aussi évidents comme types-symboles et ne nous sembleront plus familiers que lorsqu'ils seront passés à l'usage. Toutefois, la connotation d'agilité mentale évoquée par le mot *air*, et de la flexibilité réceptive et malléable évoquée par le mot *aqueux* n'exigent pas de grands efforts d'imagination.

Les douze signes du zodiaque sont répartis également entre les quatre «éléments». *Trois* signes, contenant chacun trois cycles de dix jours, sont attribués à chaque élément. Ces derniers sont distribués à intervalles réguliers sur l'année, laquelle commence, traditionnellement, le 21 mars. Chaque signe englobe une période d'environ trente jours, soit 30 degrés.

PÉRIODES DU FEU	PÉRIODES DE LA TERRE	PÉRIODES DE L'AIR	PÉRIODES DE L'EAU
Bélier	Taureau	Gémeaux	Cancer
Lion	Vierge	Balance	Scorpion
Sagittaire	Capricorne	Verseau	Poissons

FEU : Les personnes nées au cours de n'importe lequel des neuf cycles de dix jours du Bélier, du Lion et du Sagittaire manifesteront la caractéristique de base de l'énergie dynamique, une approche positive, directe face à la vie, avec une tendance aux actions impulsives et aux réactions émotives plus prononcées que ne le sont les trois autres qualités.

EAU : Les cycles d'eau du Cancer, du Scorpion et des Poissons ont tendance à des réactions quelque peu plus lentes, le fait d'une approche plus calme et plus patiente que celle que suscitent les autres caractéristiques. Les personnes dont l'anniversaire de naissance appartient à un cycle d'eau sont habituellement plus enclines à la réceptivité qu'à l'action positive; elles sont, mentalement et émotionnellement, plus flexibles, plus influençables et plus intuitives que les trois autres types.

AIR : Les personnes nées au cours des cycles des Gémeaux, de la Balance ou du Verseau font preuve d'une plus grande clarté d'esprit que celles des autres groupes de base. Pour utiliser une vieille expression, «leur tête mène leur coeur», plutôt que l'inverse. Cela ne veut pas dire qu'elles sont intelligentes et que le reste du monde est stupide, loin de là. Penser est tout aussi susceptible de mener à des erreurs que ressentir, agir ou suivre une intuition, selon la façon dont on s'y prend. Les personnes «aériennes» essaient instinctivement de réfléchir avant d'agir; c'est leur approche naturelle face à la vie.

TERRE : S'il n'y avait pas de tels cycles dans le système, le monde serait mal en point. Les personnes nées au cours des neuf cycles du Taureau, de la Vierge et du Capricorne sont les détentrices naturelles de ce que l'on appelle le bon sens, qu'elles l'utilisent ou non. Ces gens sont des bâtisseurs, des constructeurs réalistes et c'est lorsqu'ils s'aventurent dans des directions qui vont à l'encontre de leur nature qu'ils ont des problèmes. Les personnes «terriennes» peuvent être des poètes ou des mystiques tout aussi facilement que les autres, mais elles éprouvent toujours un besoin inné de donner à leurs rêves des formes pratiques et constructives, afin d'être fidèles à elles-mêmes.

Toujours, dans chaque cas, la caractéristique de base est modifiée par les deux autres facteurs principaux du cycle de dix jours : le potentiel et la fréquence. C'est dans l'énoncé spécifique du résultat de la combinaison de ces facteurs, de leur agencement en un ensemble qui crée une personnalité unifiée et équilibrée, que le charme et l'ingéniosité de la formule du cycle de dix jours deviennent évidents.

Les neuf nombres — les potentiels

Les potentiels indiquent la force agissante de la personnalité. Ils modifient les facteurs qui les accompagnent, et ils sont modifiés à leur tour, mais leur effet sur la qualité de la force et de l'énergie exprimés dans l'approche de la personne face à la vie est indéniable. L'interprétation détaillée des cycles eux-mêmes permet d'expliquer clairement la signification des potentiels, mais si l'on tient à en faire un tableau, on obtient la corrélation suivante entre les nombres et les caractéristiques :

DEUX	— Initiative, adaptabilité, incertitude.
TROIS	— Détermination, intensité, fierté.
QUATRE	— Stabilité, ordre, restriction.
CINQ	— Activité, pouvoir, opposition.
SIX	— Ambition, direction, égocentrisme.
SEPT	— Polyvalence, domination, peur.
HUIT	— Sagacité, prudence, manque de vision.
NEUF	— Vigueur, compétence, entêtement.
DIX	— Persévérance, conservatisme, entêtement.

Les sept fréquences

Les fréquences représentent le type de désir ou la qualité d'émotion caractéristique des personnes nées au cours de chaque cycle. Les symboles utilisés sont mythologiques et réfèrent supposément aux caractéristiques des dieux et des déesses portant les noms des sept planètes du système solaire. Tel que nous l'avons déjà souligné, les fréquences n'ont rien à voir avec les planètes; le modèle de la formule est basé entièrement sur les changements cycliques du champ de la terre, en relation avec le soleil, au cours de l'année solaire. Dans les temps anciens, les dieux symbolisaient les émotions et les désirs humains, notions difficiles à exprimer en mots. Toutefois, en vertu de la signification traditionnelle de base des symboles mythologiques, leur corrélation donne quelque chose du genre suivant :

MARS	— désir d'action; énergie, impulsivité.
SOLEIL	— désir de réalisation; ambition, fierté.
VÉNUS	— désir de création; productivité, extravagance.
MERCURE	— désir de raisonnement; sagacité, astuce.
LUNE	— désir de changement; adaptabilité, instabilité.
SATURNE	— désir de concrétisation; créativité, intensité.
JUPITER	— désir de stabilisation; ordre, prudence.

Les conflits

Issu des corrélations multiples de la formule cyclique se trouve, dans chaque cas, un indice du conflit fondamental qui, selon les psychologues, sévit, la plupart du temps, dans la nature de chaque personne. Il semble que, même lorsque nous dormons, le conflit se poursuit dans nos rêves : les aspects opposés de notre nature se font la guerre l'un l'autre, créant le déséquilibre, le malheur, l'inefficacité et parfois même la maladie.

Par le biais des différentes combinaisons de la caractéristique, du potentiel et de la fréquence, les facteurs de la formule du cycle de dix jours suggèrent, dans chaque cas, la base du conflit et la façon dont il peut être résolu sans avoir à recourir à autre chose que notre propre équipement psychologique naturel.

Le positif et le négatif

Un des aspects les plus particuliers et les plus encourageants de la formule cyclique est qu'elle présente les deux côtés de nos natures psychologiques, en toute franchise et justice, et sans aucun préjugé. Cette approche ouverte, face au sujet épineux des défauts et des qualités, révèle une idée intéressante et encourageante concernant la formule qui s'est avérée à la fois constructive et fondamentalement vraie.

Les psychologues de l'Antiquité, qui ont élaboré la base de la formule, ont évidemment considéré que nos défauts ne sont que l'envers de nos qualités. Nous avons le choix d'évoluer dans le monde à l'endroit ou à l'envers et, sauf lorsqu'il est question de résultats pratiques, nous n'y verrions peut-être aucune différence. Nous commettons tous des erreurs, en dépit, croyons-nous sincèrement, de nos meilleures intentions. Ce que nous faisons vraiment, dans ces situations, c'est que *nous fonctionnons à l'envers*.

Plutôt que de changer notre approche naturelle, c'est-à-dire de nous conduire comme si nous étions quelqu'un d'autre, la formule nous montre que la meilleure façon de corriger nos erreurs est d'examiner nos actions et réactions individuelles à la nouvelle lumière du portrait de la double personnalité, et en adhérant, en tout temps, au côté positif de ce portrait. C'est le but de la double analyse, *positive* et *négative*, fournie dans la description de chacun des cycles. En général, nous pouvons atteindre un équilibre entre nos caractéristiques négatives et positives, notre bon et notre mauvais côté, en développant, par des efforts délibérés et conscients, nos caractéristiques positives, c'est-à-dire en fonctionnant toujours à l'endroit. Toutefois, ainsi que nous le verrons, la formule va un peu plus loin et offre, pour chaque cas, sous le titre *équilibre*, des suggestions intéressantes et utiles.

Nous devons ajouter une ou deux mises en garde.

Cette série de trente-six portraits psychologiques *ne* limitent *pas* l'étendue des possibilités humaines à trente-six réceptacles séparés et distincts, semblables à des bouteilles de médicaments modernes portant, sur leur étiquette, une liste d'ingrédients précis. Au premier coup d'oeil, il peut sembler que la formule porte en elle de telles limitations, mais ce n'est certainement pas le cas.

Bien qu'il n'existe, en réalité, que quelques émotions, compétences et désirs fondamentaux dont la race humaine soit capable — les biologistes nous disent que nous ne sommes animés que par deux instincts : la faim et l'amour — la structure de la formule cyclique de dix jours suggère, par la grande diversité des relations entre les facteurs humains fondamentaux établis dans ce modèle quatre-par-neuf, la possibilité d'une variété presque infinie d'expressions et d'évolution des personnes qui composent la famille humaine.

La différence subtile entre le désir du pouvoir qui produit un dictateur et le désir de diriger et de guider qui produit un grand roi ou un grand meneur d'hommes — le cheveu qui sépare la malhonnêteté du désir d'être admiré — la différence entre la lâcheté et la prudence — ces notions qui créent tellement de malentendus entre les êtres humains *parce qu'elles sont si difficiles à reconnaître*, sont analysées pour nous par la formule. Elles sont indiquées avec une clarté extraordinaire — ainsi que nous le verrons — mais sans la limitation des possibilités de la personne que provoqueraient des étiquettes telles que dictateur, grand chef, héros ou poltron. Comme le dit le cabaliste Eliphas Levi, qui était certainement familiarisé avec la base de cette formule : «Chaque individualité est infiniment perfectible.»

La véritable valeur de la formule du cycle de dix jours semble se trouver dans le fait qu'elle nous montre les composantes de nos vraies natures, nous permettant ainsi d'être nous-mêmes, de façon consciente et intelligente.

Selon diverses autorités, d'Élie à Aldous Huxley, ce n'est qu'en étant nous-mêmes que nous pouvons espérer atteindre le seul but auquel aspire éternellement l'homme civilisé. Ce but est la liberté de chacun de poursuivre son destin à sa manière.

De temps à autre, au long de l'histoire, ce but est temporairement obscurci par un *black-out* — comme le totalitarisme —, et l'idéal individualiste se perd. Toutefois, il réapparaît toujours, avec une énergie renouvelée, pour poursuivre la tâche de l'évolution humaine. L'histoire, ancienne et moderne, atteste de cette réalité, et la Déclaration d'indépendance américaine est une de ses conséquences majeures.

Toutefois, on nous dit également que le prix de la liberté est une éternelle vigilance. Il est possible que la formule du conditionnement par la naissance basée sur un cycle de dix jours puisse être considérée comme un témoignage redécouvert de l'individualisme, montrant la voie la plus constructive et la plus efficace qu'emprunte chaque être humain pour exercer une vigilance éternelle dont le fruit est la liberté.

DEUXIÈME PARTIE

LES DOUZE SIGNES DU ZODIAQUE ET LES TRENTE-SIX CYCLES

NOTE : Dans le cas des anniversaires de naissance qui tombent le *dernier* ou le *premier* jour d'un cycle, tel qu'il est établi ici, des doutes surgissent parfois quant à celui des deux cycles qui englobe la date de naissance. On peut attribuer cela aux caprices du calendrier. Il est habituellement possible d'en arriver à une décision exacte en étudiant les facteurs personnels des deux cycles. Dans tous les cas, on se rendra compte que chaque personne appartient infailliblement à un cycle ou à l'autre : il n'y a pas de personnalité marginale, ni de personnalité composée dans la formule du conditionnement par la date de naissance basée sur le cycle de dix jours.

Toutefois, chaque groupe de *trois* cycles de dix jours s'insère dans les limites d'une période de trente jours comprenant l'un des douze signes habituels du zodiaque. Le signe zodiacal de chaque personne exerce une influence intérieure subtile qui se fond aux facteurs de la personnalité de chaque cycle de dix jours. Cette influence est illustrée par la CLÉ du tarot (précédant les cycles) symbolisant traditionnellement le signe zodiacal du groupe.

Les noms de personnes célèbres qui figurent dans chaque cycle de dates de naissance ont été choisis plus ou moins au hasard; ce sont tout simplement ceux qui ont attiré l'attention de l'auteure. Nous n'avons pas tenté d'établir de registres statistiques des noms, ni des cycles; ces noms ne servent qu'à illustrer, pour chaque cycle, une grande variété d'expressions individuelles possibles. Comme toutes les dates de naissance mentionnées ici ont été tirées de registres publics, elles ne sont pas garanties par l'auteure.

L'EMPEREUR

LE BÉLIER

(Du 21 mars au 20 avril)

Son cadeau d'anniversaire royal, alors que le printemps brise la glace de l'hiver, est un sentiment de pouvoir personnel et de responsabilité individuelle. La volonté de passer aux actes, plutôt que d'attendre, est équilibrée par une habileté naturelle à *voir*, clairement et logiquement, tous les aspects de n'importe quel problème ou de n'importe quelle question. L'esprit du Bélier fouille les impressions superficielles, si souvent erronées, pour atteindre la réalité qui se cache derrière chaque situation, personnelle ou collective. La nature du Bélier est si dynamique, si puissante, que cette capacité de distinguer le vrai du faux est un don qu'il lui est essentiel de cultiver, et qui est certain de porter fruit.

DEUX de BÉLIER

Du 21 au 30 mars   (de 0° à 9°59' de ♈).

Potentiel : DEUX	Fréquence : MARS
(initiative)	*(activité)*

Caractéristique de base : FEU
(énergie dynamique)

L'activité, la débrouillardise, l'enthousiasme et l'adaptabilité sont les facteurs fondamentaux de cette personnalité. Le conflit se situe entre le besoin d'action et le désir d'un équilibre intérieur, de la paix.

Du côté positif

La nature des DEUX de Bélier comporte un aspect stimulant, tonifiant. Toujours prêts pour l'action et l'aventure, ils sont empressés de prendre les devants et d'accepter des responsabilités. Ils sont courageux, positifs et directs dans leur approche face à la vie. Leurs émotions sont puissantes; ils sont profondément affectueux et passionnément loyaux. Ils ont et éprouvent beaucoup d'attrait pour le sexe opposé. Possédant une tolérance humaine instinctive, ils s'adaptent aisément à n'importe quelle classe sociale et n'importe quel niveau intellectuel. Très généreux, ils partagent avec les autres, non seulement leurs possessions mais aussi leur vitalité.

Du côté négatif

Ils sont positifs à outrance et dominateurs. Leur esprit d'initiative peut sombrer dans l'impétuosité, et leur courage, dans la témérité et l'insouciance, face aux conséquences de leurs actions. Ils amorcent beaucoup plus de projets qu'ils n'en mènent à terme et laissent dans leur sillage une série de tâches inachevées. Indécis, ils sont incapables de choisir entre deux lignes de conduite. Leur tolérance se transforme en un manque de discernement dans le choix de leurs amis et leur champ d'activité; ils perdent la maîtrise de leurs fortes émotions personnelles et créent la discorde. L'entêtement qu'ils développent se manifeste de façon complètement déraisonnée. Lorsqu'ils sont négatifs, ils s'offensent facilement, sont extrêmement sensibles aux impressions et très rancuniers.

Équilibre

Des idéaux élevés, la maîtrise de soi, la patience et un discernement infaillible sont les meilleurs facteurs équilibreurs de cette personnalité nerveuse. L'autodiscipline est toujours prescrite par la fréquence de Mars et, ici, le besoin en est doublé par la force dynamique de la caractéristique de Feu de cette personnalité. L'équilibre de l'esprit et du corps, tellement désiré par les DEUX de Bélier, peut se réaliser de l'intérieur vers l'extérieur : en commençant par la simple maîtrise de soi dans les petites choses de la vie quotidienne, et en travaillant à une maîtrise rigoureuse des émotions, surtout de la jalousie et de la colère.

Commentaire

Les personnes nées au cours de ce premier cycle du printemps éprouvent habituellement beaucoup de difficulté à entretenir un équilibre suffisant pour maintenir leur ligne de conduite, même après avoir surmonté la difficulté initiale de tous les DEUX de Bélier, qui est de choisir la direction à prendre. Ils ne sont pas naturellement logiques; ils voient les deux côtés d'une question avec la même clarté, et l'une des tâches les plus difficiles sur terre pour un DEUX de Bélier est d'arriver à un choix logique entre les deux possibilités.

On a découvert qu'ils prennent leurs meilleures décisions par intuition, plutôt qu'«après mûre réflexion». Ils ont une compréhension instinctive et subtile des gens et des situations, un guide beaucoup plus fiable que leur esprit agité et instable. Lorsque leur maîtrise de soi et leur faculté intuitive sont bien développées et que la personnalité est bien équilibrée, leur faculté intuitive est si puissante qu'elle devient presque un sixième sens, tout aussi utile que n'importe lequel des cinq autres. Et l'on a découvert que le contraire était également vrai : lorsqu'un DEUX de Bélier perd la maîtrise de ses émotions, ou diminue ses normes d'éthique et de conduite, son don intuitif disparaît et se perd.

La canalisation d'énergie qui semble le mieux réussir aux DEUX de Bélier est liée aux activités sociales. Ils travaillent mieux et sont plus sains et plus heureux lorsqu'ils sont entourés d'autres personnes et qu'ils ont amplement d'espace où dépenser leur énergie physique. Lorsqu'ils travaillent seuls ou s'adonnent à des activités sédentaires, ils deviennent extrêmement nerveux et leurs tendances négatives à l'impatience, à la colère et à l'instabilité sont portées à dominer.

Les registres d'anniversaires de naissance de ce cycle comptent un nombre élevé de personnages célèbres, englobant de nombreux champs d'activités. Parmi les exemples les plus frappants se trouvent S. Bach, compositeur sublime; Marcel Marceau, brillant mime; Arturo Toscanini, grand chef d'orchestre; A. E. Housman, poète anglais; Paul Verlaine, poète français; Robert Frost, poète américain; trois peintres : Van Dyck, flamand; Vincent Van Gogh, hollandais; et Francesco Goya, espagnol. Le grand scientifique Steinmetz; l'astrologue Dane Rudhyar; et les étoiles «immortelles» Joan Crawford, Gloria Swanson et Diana Ross.

Ils sont remarquables par leur courage et leur enthousiasme et par leurs réactions rapides. Leur débrouillardise les rend utiles lors d'urgences et dans les situations stressantes, et leur intuition fonctionne rapidement; il n'y a pas de délai entre la décision et l'action. Bien sûr, hors de contrôle, cette même faculté les rend impétueux, impulsifs et indifférents aux conséquences mais, maîtrisée, leur combinaison innée de courage et d'esprit d'initiative fait des DEUX de Bélier des personnalités splendides, douées d'un véritable héroïsme.

En ce qui a trait aux relations interpersonnelles, ils réussissent aussi longtemps qu'ils s'abstiennent de toujours prendre le volant. Cette tendance à prendre l'initiative en tout temps a souvent eu pour effet de détruire des foyers et des associations, de briser des amitiés et de créer des conflits entre parents et enfants. Toutefois, lorsqu'ils sont équilibrés les DEUX de Bélier sont de charmants compagnons, de bons parents et des amis dévoués. Ils ont un talent intrinsèque pour les réalisations pratiques. Le tarot leur promet «la force, l'empire, un gouvernement harmonieux et la justice», et appelle leur carte «Empire».

«Empire»

TROIS DE BÉLIER

Du 31 mars au 10 avril   (de 10° à 19°59' de ♈)

| Potentiel : TROIS | Fréquence : SOLEIL |
| *(détermination)* | *(ambition)* |

Caractéristique de base : FEU
(énergie dynamique)

L'idéalisme, un sens esthétique aigu, l'intensité et un désir de réalisation sont les facteurs prédominants de cette personnalité. Le conflit se situe entre l'idéalisme et l'ambition.

Du côté positif

Cette personnalité possède une puissance motivatrice d'une grande intensité, mitigée par une dignité et une assurance naturelles. Les TROIS de Bélier ont un charme magnétique puissant, un attrait personnel qui peut leur attirer les choses et les personnes qu'ils désirent vraiment. Ce sont des travailleurs ambitieux, énergiques, enthousiastes et empressés. Doués d'un sens de concrétisation très profond, ils finissent tout ce qu'ils entreprennent. Ce sont des individualistes instinctifs. Ils possèdent le don de créer autour d'eux une atmosphère heureuse, quand ils le désirent; ils rayonnent de chaleur et de vitalité, comme le soleil. Constamment préoccupés de soulager la souffrance ou la tristesse de leur entourage, ils sont impatients face à la méchanceté et à la laideur. Ce sont fondamentalement des idéalistes, cherchant toujours le meilleur, et prêts à travailler fort pour atteindre leurs objectifs.

Du côté négatif

La dignité et l'ambition se transforment en orgueil et en arrogance; leur magnétisme personnel leur attire des ennemis plutôt que des amis, l'échec plutôt que le succès. Lorsqu'une force aussi puissante devient négative, elle repousse les gens, les bonnes occasions et le bonheur. Une tendance à la cruauté apparaît, de même que l'absence de respect pour la sensibilité des autres. Leur individualisme devient un entêtement égocentrique; ils s'obstinent, font la sourde oreille à la raison et aux raisonnements. Leur force d'attraction se durcit, devenant un obstacle à la fois pour la personne concernée et pour les autres. Lorsqu'ils sont négatifs, ils répandent le malheur autour d'eux. Ils exercent une profonde influence sur leur entourage, à cause de leur force dynamique et de leur grande intensité.

Équilibre

Une activité harmonieuse, une disposition amicale et une grande considération pour les autres aident à faire pencher la balance du côté positif, ce qui est absolument nécessaire pour cette personnalité aussi dynamique. La dignité, le respect de soi et l'idéalisme devraient être encouragés, mais gardés sous contrôle. La tolérance est un excellent facteur équilibreur pour ces personnalités individualistes, de même que le développement de la volonté et de la détermination à tirer le meilleur parti des situations données, même au prix de manquer une occasion de les améliorer. La pratique de techniques de relaxation, pour soulager les tensions, est la meilleure de toutes les habitudes capables de favoriser l'équilibre des TROIS de Bélier.

Commentaire

Par nature, ce sont des gens importants, qui prennent le plancher comme s'il leur appartenait de droit. En règle générale, personne ne s'y oppose, parce qu'ils ont habituellement des personnalités très charmantes, scintillantes et remarquablement agréables. Ils ont de l'assurance et de la dignité; le document dit qu'ils possèdent de la «noblesse».

Toutefois, les TROIS de Bélier sont des individualistes; leur principale difficulté est de coopérer. Ils ont un sens théâtral aigu et donnent habituellement leurs meilleurs spectacles lorsqu'ils sont en vedette. On a découvert qu'ils ne désiraient pas vraiment mener, diriger, ni conduire : ils veulent *briller*, comme le soleil, qui symbolise leur fréquence. Cette caractéristique, bien sûr, est souvent difficile à comprendre pour les autres et suscite l'hostilité et la jalousie. Toutefois, lorsqu'elle est comprise et utilisée judicieusement, cette qualité radieuse devient un atout qui, en plus d'attirer la bonne fortune à la personne, crée une atmosphère de succès et de bonheur qui peut être généreusement partagée. Les TROIS de Bélier sont fondamentalement généreux; ils sont tout aussi empressés à partager ce qu'ils possèdent avec les autres qu'à jouer un rôle important sur la scène de la vie.

Il existe, dans la structure de cette nature, une forte persistance et une intensité positive. Otto Von Bismarck, Sergei Rachmaninoff, René Descartes, Franz Joseph Haydn et Washington Irving sont quelques-uns des personnages célèbres nés pendant ce cycle. Algernon Swinburne, poète anglais du XIXe siècle, célèbre pour ses ouvrages romantiques et sensuels; Baudelaire, poète français, également connu pour ses «excès» romantiques et son sens théâtral; et le poète anglais William Wordsworth sont tous nés au cours de cette période. La liste inclut également Harry Houdini, Marlon Brando, et des superfemmes telles que Lowell Thomas. Le sens théâtral, débordant des limites de la scène, est illustré par Casanova et, dans un autre domaine, par Baba Ram Dass, ex-expérimentateur de drogues devenu gourou. L'imagination et la créativité des TROIS de Bélier sont illustrées par Hans Christian Andersen. Dans n'importe quel domaine de la vie, ce sont des personnes appelées à s'élever au-dessus du commun.

Lorsqu'ils sont négatifs, les TROIS de Bélier peuvent être dangereux. Ils ont tendance à étouffer et à écraser l'ambition chez les autres et leur intolérance peut mettre en péril non seulement leur propre bonheur et leur propre succès mais aussi leur foyer et leur entourage. Toutefois, on a découvert que, à cause de leur sympathie innée pour les personnes qui souffrent et de leur désir ardent de réussir leur propre vie, le côté positif de cette personnalité a tendance à prévaloir chez la plupart des TROIS de Bélier. Leur charme amical exerce un équilibre puissant du côté positif de la balance.

La formule leur promet «le succès, la réalisation des projets et la concrétisation des espoirs». On a trouvé qu'ils avaient le plus de succès dans les entreprises qui exigent un travail constructif et créateur, et qui font appel à l'imagination. C'est lorsqu'ils jonglent avec les idées pour leur donner une forme concrète qu'ils sont le plus heureux et le plus efficaces. Ils ne se contentent jamais d'idées ni de rêves. Ils veulent matérialiser leurs désirs.

«Force établie»

Le document du tarot fait une suggestion très encourageante au sujet des TROIS de Bélier. Il leur attribue «le pouvoir d'acquérir la richesse». C'est encourageant, non seulement pour les personnes nées au cours de ce cycle, mais pour les autres aussi. Car, qui sait? Peut-être ce portrait et ses symboles cachent-ils une suggestion pratique quant à la meilleure façon d'acquérir la richesse, peu importe la période où une personne est née!

QUATRE de BÉLIER

Du 11 au 20 avril   (de 20° à 29°59' de ♈)

Potentiel : QUATRE	Fréquence : VÉNUS
(stabilité)	*(productivité)*

Caractéristique de base : FEU
(énergie dynamique)

Un charme personnel instinctif, un sens profond de la justice, un désir d'ordre et d'harmonie et une profonde aspiration au bonheur forment la structure de base de cette personnalité. Le conflit se situe entre le désir d'activités disciplinées et de production et la paresse innée chez toute fréquence symbolisée par Vénus.

Du côté positif

Un esprit logique, une imagination active et un penchant vers le conformisme et les modes de vie traditionnels contribuent à construire une personnalité bien équilibrée et, en même temps, très vive et attrayante. Les émotions élémentaires de la fréquence de Vénus sont stimulées par la caractéristique du FEU, mais bien maîtrisées par la stabilité ordonnée du potentiel QUATRE. Il existe, dans cette personnalité, un calme plus grand que chez n'importe lequel des autres cycles du Bélier. Les QUATRE de Bélier sont doués d'un bon jugement, d'un esprit de discernement et d'une grande assurance, de même que d'un désir d'équité dans les relations humaines et les affaires pratiques. Ils ont le souci des détails, sont honnêtes, compétents et très ordonnés, polyvalents et toujours instinctivement généreux et indulgents.

Du côté négatif

L'esprit logique devient extrêmement critique et sectaire, refusant de voir au-delà des limites étroites de l'environnement immédiat. Le désir d'ordre se transforme en une impression de malaise, détruisant l'assurance et le calme de la personnalité, provoquant une instabilité nerveuse et un mécontentement boudeur face à tout ce qu'offre la vie. Il y a un manque de courage dans l'expression négative de la fréquence de Vénus. Dans ce portrait fondamentalement dynamique et ordonné, la peur n'est pas à sa place et, par conséquent, elle suscite un grand désordre, transformant le discernement et le jugement en témérité et en folie. La polyvalence, exprimée de façon négative, produit un gaspillage d'énergie et un manque de concentration.

Équilibre

Pour améliorer et encourager la compétence et le charme de cette personnalité, on évitera les sentiments de supériorité face aux autres, on tempérera la justice par l'indulgence et on cultivera une vaste gamme d'intérêts et de connaissances. La maîtrise des émotions personnelles s'impose chaque fois que l'on rencontre la fréquence de Vénus mais, dans ce cas-ci, il y a danger de conflit interne, à cause d'une trop grande répression, vu la présence du potentiel QUATRE. Ces personnes ont besoin de donner et de chercher l'amour, l'amitié, la libération des inhibitions, et de maintenir une perspective large et bienveillante face aux idées et aux réactions des autres.

Commentaire

Le plus grand don de ce cycle, pour ceux qui sont nés au cours de cette période, est le charme, cette chose subtile qu'on appelle par un nouveau nom à chaque saison et que l'on désigne, scientifiquement, par l'expression attrait sexuel. La couleur des cheveux ou des yeux n'affecte en rien sa magie; pas même un corps infirme. On trouve ce charme chaque fois que la fréquence de Vénus fait partie du portrait de la date de naissance. Elle donne à la personnalité cet attrait irrésistible pour le sexe opposé, qui n'est attribuable à rien d'autre qu'à lui-même. Dans ce cycle, la nature périlleuse de ce don est bien équilibrée par le souci naturel du potentiel QUATRE pour le décorum; néanmoins, il reste un grand atout, et un grand danger, pour les personnes nées à la mi-avril.

Malgré sa polyvalence, le QUATRE de Bélier semble avoir le plus de succès lorsqu'il s'adonne à des occupations orthodoxes telles que le droit, les finances, l'achat, la vente et les activités domestiques. Son amour de l'ordre est tempéré par son amour de la beauté. Ainsi, ceux qui sont nés à la mi-avril ne sont pas personnellement ambitieux; ils veulent que le travail soit accompli efficacement, esthétiquement, et à temps. La liste des célébrités appartenant à ce cycle n'est pas longue et comprend des perfectionnistes plutôt que des étoiles scintillantes. Henry James est un de ces perfectionnistes littéraires; l'historien britannique Arnold J. Toynbee en est également. La perfection des documents qui ont présidé à la fondation des États-Unis reflète les idéaux de Thomas Jefferson, qui était lui aussi un QUATRE de Bélier. Dans le monde du spectacle, on trouve des acteurs infatigables tels que Charlie Chaplin, Sir John Gielgud et Peter Ustinov, tous conformes au modèle de par leurs efforts et leur travail en vue de la perfection de la production et de l'interprétation. Les QUATRE de Bélier recherchent le bonheur et la sécurité, beaucoup plus qu'ils ne désirent la gloire du succès en public.

Le manque de confiance en soi est un facteur que l'on retrouve souvent chez eux et des études personnelles ont dévoilé bon nombre de «complexes d'infériorité» derrière leur assurance et leur charme apparents. Ce fait est probablement attribuable à leur sens particulièrement aigu de l'ordre et de la justice. Ils ont tellement le souci d'être justes envers les autres qu'ils oublient de l'être avec eux-mêmes. Toutefois, une fois engagés dans une entreprise intéressante, une fois leur confiance en soi bien établie, ce sont des travailleurs merveilleusement créatifs et constructifs. Le document sur le tarot leur promet «la perfection et la réalisation, résultat de leurs efforts et de leur travail». Le nom de leur carte est «travail parachevé».

«Travail parachevé»

Les femmes nées au cours de ce cycle sont d'excellentes hôtesses et maîtresses de maison. Hommes et femmes ont une loyauté familiale et communautaire exceptionnelle. Ils possèdent un talent inné pour les entreprises reliées à la beauté féminine, à la vanité ou à la décoration conventionnelle. Ils ne sont pas aventureux de nature et ils sont habituellement plus heureux, plus sains et plus prospères lorsqu'ils suivent les sentiers battus. Toutefois, ils mènent à terme tout ce qu'ils commencent : tout ce qu'entreprend un QUATRE de Bélier connaîtra la plus grande réalisation et la plus grande perfection qui soient humainement possibles.

LE PAPE

LE TAUREAU
(Du 21 avril au 20 mai)

Conformément à son déguisement religieux, le pape accorde, à la naissance, le don de l'*écoute* intérieure, un sens spécial qui surpasse le raisonnement logique de l'empereur. Toutefois, parallèlement à l'indication d'une perception intuitive naturelle, la forme du portrait exige de la discipline et du discernement dans la poursuite de ce que dicte la «voix intérieure». Tout en vous donnant sa bénédiction et en vous demandant de l'écouter attentivement, le pape vous souligne que, partout dans le monde et dans la nature dont vous faites partie, et en vous-même, il existe des lois qui régissent l'ordre et l'harmonie, que vous devez respecter pour atteindre le succès et le bonheur.

CINQ de TAUREAU

Du 21 au 30 avril   (de 0° à 9°59' de ☿)

Potentiel : CINQ   Fréquence : MERCURE
    (activité)   *(sagacité)*

Caractéristique de base : TERRE
    (sens pratique)

L'énergie, le courage, l'esprit de réforme et le travail assidu sont les principales caractéristiques de ce cycle. Il existe ici un sérieux conflit entre un désir d'action impérieux et la prudence, l'astuce instinctive et le bon sens.

Du côté positif

Ce cycle contient une combinaison de facteurs très puissante. Le mélange de vigueur et d'intelligence, de force et d'astuce, combiné au sens pratique de la caractéristique Terre, produit une personnalité qui semble, par moments, capable de miracles. Les CINQ de Taureau sont doués d'une compréhension instinctive des besoins et des désirs humains; ils sont animés d'un profond désir de changer et d'améliorer leurs conditions. Ce sont des travailleurs inlassables et persévérants, des gens d'action et des entrepreneurs autodisciplinés. Bons lutteurs, assurés et sans peur, ils sont capables d'influencer les autres et de leur inspirer des actions positives. Ils possèdent un talent naturel pour l'élocution. Qu'il s'agisse d'écrire ou de parler, ils connaissent le pouvoir des mots et savent s'en servir.

Du côté négatif

L'esprit de réforme se transforme en esprit de révolte; le désir d'améliorer, de recréer, fait place au désir de détruire, de démolir, peu importent les dégâts ou les conséquences. La passion pour l'amélioration est réduite à une colère primitive contre les conditions existantes, sur le plan personnel comme sur le plan général. Lorsqu'ils sont négatifs, les CINQ de Taureau s'opposent par principe, se disputent avec tout le monde; ils mettent des bâtons dans les roues des autres tout en éliminant, croient-ils, les obstacles à leur propre progrès. Ils sont cruels, déraisonnables, entêtés et impitoyables, recherchant le pouvoir personnel plus que n'importe quoi d'autre.

L'équilibre

Les trois éléments les plus importants pour maintenir cette personnalité du bon côté sont l'autodiscipline, l'idéalisme et une stricte honnêteté. Lorsque ces facteurs sont appliqués au désir de réforme, ses aspects destructeurs se trouvent restreints. En maintenant des normes d'éthique et de conduite élevées, on peut éviter les dangers du complexe du pouvoir. Et lorsqu'il est contenu à l'intérieur des limites de l'intégrité, le brillant esprit du CINQ de Taureau peut produire de grandes choses et réaliser ce qui lui tient vraiment à coeur : faire du monde une meilleure place où vivre.

Commentaire

Il a fallu analyser ce cycle en profondeur avant de pouvoir en interpréter de façon satisfaisante les symboles, l'image décourageante qui apparaît sur la carte et son nom. Pourquoi appliquer les termes «problèmes matériels» à une personnalité aussi forte et aussi puissante? À force d'analyse, la réponse apparaît : l'un des facteurs les plus forts de la nature du CINQ de Taureau est le désir de soulager la souffrance humaine ou la privation, de «changer complètement la triste condition humaine». Cette interprétation aide à comprendre la contradiction apparente qui existe entre les symboles et qui, appliquée au plan personnel, est devenue d'une logique étonnante.

Il est difficile, de nos jours, de conserver son objectivité face à un cycle de naissance dont les noms célèbres incluent Hitler et Lénine. Hitler est né le soir du 20 avril 1889 et le cycle, cette année-là, a changé au cours de la journée, faisant indubitablement de lui un CINQ de Taureau. Il est donc devenu nécessaire d'ajouter d'autres noms le plus rapidement possible, tels que Marconi, et trois présidents des États-Unis : Grant, Buchanan et Monroe. William Hearst est un exemple intéressant du pouvoir de ce cycle. D'autres exemples remarquables de l'étendue de ce cycle sont la reine de France Catherine de Médicis; la reine d'Angleterre Élisabeth II; l'homme d'État britannique Oliver Cromwell; et le révolutionnaire russe et fondateur de l'Union soviétique, Lénine. En littérature, on trouve Vladimir Nabokov et Charlotte Brontë. Dans le monde du spectacle, Duke Ellington, Ella Fitzgerald, Barbra Streisand, Carol Burnett et Shirley Temple. Et, pour finir, le barde immortel, William Shakespeare, qui règne depuis plus de trois siècles et demi, à titre du plus brillant et du plus important CINQ de Taureau de la liste, qui n'est pas, toutefois, particulièrement longue.

Dans la vie quotidienne, les personnes nées au cours de ce cycle qui ont le plus de chances d'atteindre le bonheur et la réussite sont celles dont les activités sont reliées aux besoins humains pratiques : techniques marchandes, approvisionnements ou gestion des commodités de la vie, organisation de foyers ou de familles. Une existence à tendance sociale est habituellement ce qui favorise le plus l'évolution d'un CINQ de Taureau; lorsqu'ils vivent ou travaillent seuls, ils ont tendance à être moroses et à devenir mystiques et superstitieux.

Ils sont habituellement plus heureux en couple, mais le taux de divorces est très élevé dans ce cycle, de même que celui des célibataires endurcis, chez les femmes comme chez les hommes. Ils ont beaucoup de charme, mais la fréquence mercurienne a toujours tendance à refroidir les émotions personnelles et, dans ce cas-ci, leur structure personnelle quelque peu explosive a pour effet qu'il n'est pas toujours facile de vivre avec un CINQ de Taureau.

Toutefois, il semble certain que ce cycle puisse produire un génie capable de miracles, bons ou mauvais, de la même façon que les magiciens des temps anciens s'adonnaient à la magie «blanche» ou à la magie «noire», selon que leurs buts étaient constructifs ou destructeurs. Marconi et Hitler sont certainement de parfaits exemples d'un bon et d'un mauvais magicien. Ce qui laisse à entendre qu'avoir son anniversaire de naissance dans ce cycle comporte une lourde responsabilité.

«Problèmes matériels»

SIX de TAUREAU

Du 1ᵉʳ au 10 mai   (de 10° à 19°59' de ☿)

Potentiel : SIX   Fréquence : LUNE
(ambition)   *(adaptabilité)*

Caractéristique de base : TERRE
(sens pratique)

L'assurance, le charme, l'indépendance et l'imagination sont les quatre piliers de cette structure personnelle. Le conflit se situe entre le désir de la gloire et du succès et une tendance à se laisser aller. Ce cycle est situé à la pointe de la première vague appelée à produire une forte personnalité.

Du côté positif

Un grand pouvoir d'attraction personnelle, un sens théâtral aigu et une forte motivation sont les principaux atouts des SIX de Taureau. Ces derniers sont très indépendants; ils ont une confiance illimitée en eux-mêmes et sont déterminés à mener à terme tout ce qu'ils entreprennent. Chaleureux, amicaux et libéraux, ils sont toujours prêts à partager avec les autres. Ce sont des idéalistes qui exigent la perfection en tout. Ils sont doués d'une compréhension intuitive de ce que le public *désire* (et non pas, contrairement aux CINQ, de ce dont il a *besoin*) et des façons de satisfaire ces désirs. Ils possèdent un talent pour diriger les activités de groupe et leur énergie est vibrante et inspirante. Leur imagination vive et active les rend capables de donner, comme par magie, une forme concrète à leurs désirs et d'obtenir ce qu'ils veulent.

Du côté négatif

La fierté devient de l'insolence et leur sens théâtral, de l'exhibitionnisme. Mal orientée, l'individualité des SIX de Taureau montre une tendance puérile à la vanité et à la vantardise. L'adaptabilité devient de l'instabilité morose; ils passent d'un enthousiasme extrême à un pessimisme aussi excessif, de l'espoir au désespoir total. Ils sont insupportables, entêtés. Ils utilisent leur perception intuitive des sentiments des autres pour les blesser et atteindre leur sensibilité. De bons directeurs, ils deviennent des meneurs d'esclaves et développent une cruauté presque sadique. La générosité chez eux devient prodigalité, envie, jalousie, et elle peut même aller jusqu'à se transformer en une attitude immorale face aux responsabilités de la vie.

L'équilibre

Il n'est pas facile pour cette personnalité forte d'arriver à une perspective équilibrée. La méthode indiquée est de développer les aspects plus charitables et plus délicats; de suivre des normes d'éthique et de conduite élevées; d'utiliser son imagination pour créer des images mentales constructives, agréables et pleines d'espoir. Le discernement sur le plan des désirs est le véritable secret de l'équilibre et du succès des SIX de Taureau. Ils ont besoin de désirer la bonne chose. Ils ont également besoin de mener une vie active et de cultiver un sens pratique des responsabilités, dans tous les domaines de la vie.

Commentaire

Ce cycle présente un intérêt scientifique, car il est formé d'une polarisation exacte de forces négatives et de forces positives. Dans le modèle symbolique, six est le nombre du Soleil, le plus positif, le plus masculin ou le plus attrayant des potentiels ou des fréquences, alors que la Lune est le symbole le plus négatif, le plus féminin ou le plus expansif. Cela produit une personnalité influencée par des pôles opposés, et l'expérience a démontré que les personnes nées au cours de cette période ont une forte tendance à passer aux extrêmes. Tantôt elles sont au sommet de l'extase, tantôt elles touchent les profondeurs du désespoir : il n'y a pas de moyen terme chez les SIX de Taureau.

Malgré son nom encourageant, «Succès matériel», le personnage qui apparaît sur l'arcane avertit la personne d'équilibrer la charité et la justice. Cela semble indiquer que la personnalité est très douée et que ces dons, talents et possibilités ne devraient pas être gaspillés. Le document sur le tarot décrit le côté positif de cette nature comme étant «fortuné, prospère, libéral et juste» et il promet à tous les bons SIX de Taureau «le succès en affaires, le pouvoir et le gouvernement des gens».

Le sens théâtral est le plus grand don de cette personnalité, et, liée au charme, à l'idéalisme et au talent de direction qu'elle possède, il devient un outil très utile pour atteindre le succès. Orson Welles, Judy Collins, Pete Seeger, Audrey Hepburn et Fred Astaire sont d'excellents exemples de cette caractéristique spéciale. Ils témoignent de la compréhension propre au cycle, de ce que le public veut et comment le lui donner. Robespierre, dictateur, qui a jeté la France postrévolutionnaire dans un bain de sang et instauré un règne de terreur, figure aussi sur la liste. Afin d'équilibrer cet extrême terrible dans le domaine du gouvernement, il y a eu un président américain très respecté, Harry S. Truman. En outre, on trouve dans ce cycle les anniversaires de naissance de cinq hommes qui ont marqué les milieux intellectuels : Thomas Huxley, Soren Kirkegaard, Karl Marx, Sigmund Freud et Niccolo Machiavelli.

Dans la vie quotidienne, les SIX de Taureau sont ou irrésistiblement charmants, ou complètement intraitables, et parfois les deux en même temps. Ils sont habituellement populaires, surtout avec le sexe opposé, grégaires, hospitaliers et sociables. À part leur tendance à l'inconstance en ce qui concerne les relations intimes, ce sont de merveilleux amis et ils peuvent occuper avec grâce et compétence la position de chef de famille. Leur amour du foyer est très profond, et la vie domestique est, pour eux, le meilleur de tous les théâtres.

«Succès matériel»

SEPT de TAUREAU

Du 11 au 20 mai   (de 20° à 29°59' de ☿)

Potentiel : SEPT   Fréquence : SATURNE
(polyvalence)   *(intensité)*

Caractéristique de base : TERRE
(sens pratique)

L'imagination, la détermination, la persuasion et le charme sont les principaux facteurs de cette personnalité. Le conflit est très primaire : une lutte entre l'illusion et la réalité.

Du côté positif
Une vision large, des capacités variées et un charme personnel naturel constituent l'aspect positif de cette personnalité. Une imagination vive et active vient s'ajouter au talent pratique des SEPT de Taureau. Étant instinctif, leur charme personnel est particulièrement efficace auprès du sexe opposé, et il leur permet en tout temps de se faire des amis et d'influencer les gens. Un pouvoir magnétique se dégage de leur nature; ils influencent fortement leur entourage. Émotifs, ils ont tendance à s'intéresser aux questions spirituelles et philosophiques. Ils désirent acquérir plutôt qu'accomplir et ont un sens profond de leur instinct de propriété.

Du côté négatif

L'imagination se transforme en illusion. Ils sautent aux conclusions aveuglément, croient à des fantasmes et font la chasse aux moulins à vent. Leur polyvalence se change en versatilité et en gaspillage d'énergie; leurs objectifs deviennent des espoirs subjectifs ou des voeux pieux. Leur force de persuasion se transforme en tendance à la domination, incluant une dose de cruauté et de peur. L'intensité devient une force destructrice, annihilant le charme naturel de leur personnalité. L'émotivité devient un sybaritisme irréaliste, visionnaire, empreint de paresse, d'imprévoyance et de procrastination.

L'équilibre

La concentration objective, l'obéissance à la discipline, l'acceptation des limites et une simple volonté de travailler, voilà les meilleurs facteurs équilibreurs de ce portrait. Les SEPT de Taureau doivent avoir les pieds plantés bien fermement sur la terre, mais, en même temps, l'intensité de leur nature doit être allégée par le rire et le sens de l'humour. La fréquence de Saturne produit souvent une perspective trop sérieuse. Ils ont besoin de cultiver des amis du même sexe, de vivre une vie disciplinée et ordonnée et de former des habitudes de jugement sobre et pratique et de discernement. Ils ont également besoin d'accepter et d'assumer pleinement leurs responsabilités quotidiennes et de prendre la vie comme elle vient.

Commentaire

Le document du tarot dit, de tous les SEPT, qu'ils «font preuve d'une force digne d'une couronne, mais que la personne doit être en mesure d'en porter le poids» et ajoute, avec le sens pratique si caractéristique de toutes les descriptions du cycle de dix jours, que les résultats «dépendent de l'action alors entreprise». Ce qui place la question du succès carrément sur les épaules du SEPT de Taureau, à qui appartient le choix de l'action à prendre.

Lorsque leurs forces puissantes sont équilibrées, leurs émotions, maîtrisées, leurs activités, disciplinées et dirigées avec une intelligence objective, d'incroyables possibilités de réalisation s'offrent à eux. Honoré de Balzac est un exemple d'un SEPT de Taureau ayant atteint le succès grâce à ces qualités. Krishnamurti, auteur théosophe et chef spirituel; Lynn Fontanne, actrice, et Margot Fonteyn, grande étoile de ballet connue pour son endurance et son autodiscipline; Erik Satie, compositeur, et Irving Berlin, maître du rythme syncopé, sont également nés sous ce signe, de même que Salvador Dali, peintre du beau bizarre, de la belle bizarrerie et du «tout simplement» (et du moins simplement) bizarre.

Toutefois, le nombre relativement restreint de SEPT de Taureau célèbres suggère que ces personnes éprouvent, en effet, des difficultés considérables à atteindre l'équilibre nécessaire pour vraiment prendre leur envol. Le don dangereux de la polyvalence pousse bon nombre d'entre eux à se lancer furieusement dans toutes les directions en même temps, et de ne se rendre nulle part en particulier.

Le nom de la carte, «Succès irréalisé» suggère qu'il n'est pas facile pour cette personne d'atteindre le succès, même lorsqu'il se trouve, ainsi qu'on le voit sur la carte, à portée de la main. Les fruits d'or sont prêts à être cueillis, mais le robuste pomiculteur reste là, appuyé sur sa bêche, occupé à rêvasser plutôt que de ramasser ses pommes!

Cette image, a-t-on découvert, symbolise précisément une paresse étrange qui sépare les personnes nées au cours de cette période du succès même qu'elles sont certainement capables, et si avides, d'atteindre. Elles semblent éprouver une difficulté fondamentale à concentrer leurs efforts sur le prochain pas à franchir, peu importe en quoi il consiste. Plus encore, elles croient souvent sincèrement avoir fait tout le nécessaire, alors même qu'elles n'ont pas encore commencé. C'est une de leurs illusions favorites et les illusions sont leur principale pierre d'achoppement.

«Succès irréalisé»

Comme tous les potentiels SEPT (ou les fréquences de Vénus), les SEPT de Taureau possèdent un charme instinctif qui exerce un attrait puissant sur les personnes du sexe opposé. Ils sont animés d'une impressionnante vitalité, mais ils sont susceptibles de manquer de persévérance. Toutefois, ils peuvent certainement accroître cette persévérance, comme toute autre chose qu'ils désirent, s'ils s'en donnent la peine. On a découvert que, lorsque les désirs des SEPT de Taureau sont bien ancrés dans une direction, qu'ils y sont maintenus et soutenus par des efforts réguliers, objectifs et disciplinés, à peu près aucune des réalisations d'ordre pratique n'est hors de leur portée.

LES AMOUREUX

LES GÉMEAUX
(Du 21 mai au 20 juin)

La psychologie moderne parle souvent de conscient, de préconscient et d'inconscient. Cette clé du tarot est une représentation de la triple structure de la pensée et des sentiments humains. La conscience (pensée pratique) est représentée par l'Homme. La Femme (plus réceptive, mais tout aussi indispensable) représente le préconscient, où les rêves et les images prennent forme. L'Ange, situé au-dessus, représente le domaine inconscient, source spirituelle de l'inspiration, de la connaissance, de la sagesse et de l'amour. Cette clé vous dit que ce n'est que par la combinaison de ces trois éléments, de l'Homme, de la Femme et de l'Ange, que vous pouvez mettre à profit le don le plus précieux qui soit rattaché à votre date de naissance : l'habileté de *penser*.

HUIT de GÉMEAUX

Du 21 au 31 mai   (de 0° à 9°59' de ♊)

Potentiel : HUIT	Fréquence : JUPITER
(sagacité)	*(stabilité)*

Caractéristique de base : AIR
(intellectualité)

Un esprit vif, le conservatisme, un sens logique aigu et le désir de la justice sont les pierres angulaires de cette personnalité. Le conflit se situe entre le désir d'être juste et l'impulsion d'être bon.

Du côté positif

Les HUIT de Gémeaux sont des penseurs; leur esprit est analytique et précis, observateur et intelligent. Ce sont d'excellents planificateurs et organisateurs, prêts à travailler et capables de diriger les activités des autres. Ils sont extrêmement pratiques, toujours conscients de leurs limites et ne tentent jamais l'impossible. Doués d'un bon jugement et d'une grande exactitude dans les détails, ils sont ordonnés, conservateurs et orthodoxes, loyaux envers les coutumes établies et la tradition. Toutefois, malgré tous ces facteurs de stabilité et de sagacité, ils sont chaleureux et généreux dans leurs relations interpersonnelles et fidèles dans leurs amitiés. Ils ont un sens profond des responsabilités.

Du côté négatif

Ils ont un esprit critique, étroit et sectaire. Plutôt que de commettre une erreur, ils préfèrent s'abstenir d'agir, ce qui leur fait rater des occasions et entrave leur propre évolution. Entêtés, ils refusent les suggestions, manquent de vision et sont souvent aveugles à ce qui se passe autour d'eux. Lorsqu'ils sont négatifs, les HUIT de Gémeaux éprouvent de la difficulté avec les relations humaines et ont tendance à être intolérants et impersonnels, au point de sembler froids et cruels. Ils deviennent avares, portés aux économies de bouts de chandelle; ils sont pingres, ils manquent de générosité et se soucient trop des détails. Pris dans un filet de préoccupations insignifiantes, ils perdent toute vision d'ensemble et leur équilibre.

L'équilibre

La tolérance, acquise par une pensée claire plutôt que par le désir émotionnel, est l'un des meilleurs facteurs équilibreurs pour les HUIT de Gémeaux critiques. Leur bonheur s'accroît lorsqu'ils apprennent à ne pas trop exiger d'un monde imparfait et à croire en l'avenir. Ils ont besoin de cultiver l'esprit d'équipe et de pratiquer l'art de donner et de recevoir. Il leur faut également garder leurs émotions sous contrôle, laisser la tête diriger le coeur, sans être trop stricts envers eux-mêmes. Les HUIT de Gémeaux doivent tempérer en tout temps la justice par l'indulgence.

Commentaire

La force calme et discrète de cette personnalité est susceptible d'être mal comprise : ceux qui la possèdent, et les autres, sous-estiment ses fines qualités. L'une des grandes personnalités de l'histoire nées au cours de ce cycle a donné son nom à l'époque : la reine Victoria. Son nom est devenu représentatif des caractéristiques les plus typiques de ce cycle : du côté positif, la bonté, la clarté de vision et l'honnêteté; du côté négatif, un conservatisme obtus et, parfois, une hypocrisie déplaisante. L'époque victorienne a fait tous les efforts possibles pour fermer les yeux sur le phénomène naturel de la vie humaine; c'était une époque très prude et il est intéressant de remarquer que le personnage illustré sur la carte du tarot a les yeux bandés.

L'expertise pour le détail est un véritable don des HUIT de Gémeaux. On reconnaissait ce talent chez la «vieille Dame» d'Angleterre, la reine Victoria. Similairement, le gouvernement de Norman Vincent Peale, qui prônait une conduite sans reproche, est typique des HUIT de Gémeaux. Sam Snead, champion golfeur, est célèbre pour son extraordinaire habileté à viser juste. Albrecht Dürer, artiste allemand, dont le merveilleux sens du détail et de la perfection maintient son nom, depuis plus de cinq siècles, sur la liste des immortels, est aussi un HUIT de Gémeaux. Sir Arthur Conan Doyle, écrivain et «inventeur» de Sherlock Holmes, s'ajoute facilement à cette liste, à cause de son esprit raffiné et de l'attention qu'il a accordée, dans ses créations, à la subtilité des indices et des solutions qui en découlaient. On trouve également, sur cette liste, de grands noms de la littérature : Lord Bulwer-Lytton, rosicrucien et auteur; Spengler, philosophe; Ralph Waldo Emerson; et le poète américain Walt Whitman. Mesmer, l'homme qui a donné le mot «mesmerize» (hypnotiser) à la langue anglaise, est également du nombre. Et, plus près de notre époque, John F. Kennedy, Henry Kissinger et Hubert Humphrey.

Des analyses individuelles ont démontré que les HUIT de Gémeaux sont susceptibles de trop s'inquiéter de la vie en général et, en particulier, de leurs responsabilités personnelles. Ce ne sont pas des introvertis; ils pensent objectivement et clairement, mais ils ont tendance à restreindre leur champ d'opinions et d'intérêts, parce qu'ils manquent de confiance en eux-mêmes et en la vie en général. Ceci s'applique également à leur approche face aux relations interpersonnelles; ils sont susceptibles de limiter leurs amitiés à un type de personnes et de n'apprécier qu'un genre de distractions ou de récréation. Le document sur le tarot leur attribue «le souci des détails, un grand soin pour certains domaines, compensé par un aussi grand désordre dans certains autres» et affirme qu'«ils prisent la sagesse, mais l'appliquent à des choses sans importance».

Lorsqu'ils sont équilibrés, les HUIT de Gémeaux sont hospitaliers et bienveillants et, pour citer encore une fois le document, «généreux, intelligents et subtils». Sur le plan des affaires pratiques, ils excellent particulièrement dans les détails de gestion de l'argent et des transactions; ils ont du talent pour les statistiques et le sens de l'organisation.

En fait, les HUIT de Gémeaux sont, par nature, de bons citoyens, des membres précieux de la communauté, capables de bien diriger leur vie et de réussir dans leurs entreprises. Toutefois, ils ont besoin, pour être heureux, d'apprendre à éliminer les restrictions, d'enlever le bandeau qu'ils ont sur les yeux et de laisser entrer le soleil.

«Pouvoir restreint»

NEUF de GÉMEAUX

Du 1ᵉʳ au 10 juin   (de 10° à 19°59' de ♊)

Potentiel : NEUF   Fréquence : MARS
(fiabilité)   *(activité)*

Caractéristique de base : AIR
intellectualité

La force, l'énergie, l'indépendance et l'amitié se combinent pour former la structure de cette personnalité. Le conflit est une lutte entre le désir impérieux de succès concret et le besoin émotionnel de bonheur personnel.

Du côté positif

Les NEUF de Gémeaux sont doués d'un talent pour l'administration et d'une grande force personnelle. Ils ont un sens social développé. Grégaires, hospitaliers et très généreux, ils sont toujours prêts à partager ce qu'ils ont avec les autres. Ils adorent l'action; leur énergie est contagieuse et stimulante. Très intuitifs, sensibles et vifs dans leurs réactions et leurs réponses, ils sont extrêmement affectueux et émotifs; pour eux, les relations interpersonnelles ont une importance vitale. Ils sont particulièrement sensibles à la souffrance, intensément sympathiques, toujours prêts à aider, même au sacrifice de leur bien-être.

Du côté négatif

Ils sont nerveux, mécontents et indécis, tellement avides de changement et d'action qu'ils ne se fixent aucun but, ne visent aucun objectif. Dans leur désir de satisfaction émotionnelle, ils perdent tout sens de discrimination dans leur choix d'amis et d'activités pratiques. Impulsifs de nature, ils deviennent irritables et nerveux, déraisonnables et entêtés. Ayant un esprit naturellement souple, ils se laissent trop facilement influencer par les suggestions des autres et leurs réactions trop rapides leur font commettre des erreurs qu'une mûre réflexion aurait pu leur éviter. Lorsqu'ils sont déséquilibrés, ils passent aux extrêmes. Compagnons charmants et encourageants, ils deviennent dominateurs et pontifiants, toujours certains qu'ils ont raison et que les autres ont tort.

L'équilibre

La maîtrise de soi, l'autodiscipline et le raisonnement logique sont la planche de salut des NEUF de Gémeaux. La fréquence de Mars exige toujours la maîtrise de soi et, ici, l'intensité émotive produite par le potentiel NEUF, dans le champ instable de l'AIR, accroît le besoin de maîtrise de cette personnalité. La pratique d'un mode de vie ordonné, l'acceptation des limites conventionnelles et l'acquisition du respect de soi et de l'assurance personnelle sont toutes requises pour faire éclore le côté positif de ces natures dynamiques. Leur intuition est vive mais, jusqu'à ce qu'elle soit liée à la raison, elle risque de les conduire dans le mauvais chemin.

Commentaire

Au premier coup d'oeil, les symboles, le nom et la description de ce cycle semblent plutôt contradictoires et un peu décourageants. Toutefois, après étude et analyse, on se rend compte qu'ils apportent plus de chance qu'on pourrait le croire. L'illustration et les symboles semblent avertir les NEUF de Gémeaux de rester du bon côté de leur nature passionnée, sinon, leur dit la carte, ils souffriront; mais s'ils tiennent compte de la mise en garde, ils auront du succès et seront heureux, ainsi que le leur promet la description du tarot.

L'étude du comportement d'un grand nombre de personnes nées au cours de ce cycle a révélé un fait curieux quant à la représentation de la carte, qui semble illustrer le malheur. Non seulement ces personnes sont-elles animées d'un désir inné de soulager la souffrance, mais elles possèdent souvent le don de guérir. La liste des personnes célèbres nées au cours de ce cycle est plutôt brève et cela serait vraisemblablement attribuable au fait qu'elles travaillent habituellement en coulisses. Elles sont empressées d'aider et de se rendre utiles, mais la gloire leur importe peu et elles négligent souvent leur bien-être et leurs intérêts personnels. De plus, elles ont tendance à emprunter des voies peu orthodoxes qui mènent rarement à la gloire.

La maîtrise des émotions semble être la discipline la plus nécessaire pour les personnes nées au cours de ce cycle. Le sens de la logique et de la justice, si important pour la période précédente, brille par son absence ici. La fréquence de Mars, dans l'éventail des symboles, a la longueur d'onde la plus longue (rouge) et semble le facteur de fréquence le plus primitif et le plus difficile à maîtriser. Les personnes nées au cours de n'importe quel cycle de Mars ont la capacité de détruire leur propre bonheur et de nuire à celui des autres, jusqu'à ce que l'équilibre soit atteint. Lorsque les facteurs de cette personnalité sont équilibrés, la fréquence de Mars amène un charme bienveillant et stimulant. Des foyers brisés ont été restaurés grâce à l'acquisition de la maîtrise de soi par le membre de la famille influencé par Mars. Le résultat le plus remarquable obtenu par la restriction et la maîtrise des forces émotionnelles de cette personnalité est l'amélioration de la santé et le bonheur de la personne concernée.

Cette tendance constructive s'est manifestée de façon évidente chez le grand architecte Frank Lloyd Wright. Immanuel Velikovsky, scientifique, a reconstruit l'histoire de la terre et de ses grands bouleversements. Des «géants» de la littérature sont nés au cours de ce cycle, notamment Alexandre Pouchkine, Thomas Mann et Thomas Hardy.

Toutefois, la plupart des Gémeaux nés au début de juin poursuivent leur destin en coulisses, inconnus et méconnus. Cependant, lorsque les NEUF de Gémeaux sont positifs, fidèles à eux-mêmes, leur présence contribue à l'amélioration du monde.

Lorsqu'on étudie longuement et soigneusement le portrait de cette personnalité et de ses symboles intrigants et contradictoires, il semble qu'on devrait le renommer, en faire le cycle de l'obligeance et du réconfort, ou tout simplement de la *sympathie*.

«Désespoir et cruauté»

DIX de GÉMEAUX

Du 11 au 20 juin   (de 20° à 29°59' de ♊)

Potentiel : DIX   Fréquence : SOLEIL
(persévérance)   *(ambition)*

Caractéristique de base : AIR
(intellectualité)

La détermination, la persévérance, l'imagination et la force constructive se trouvent toutes dans cette personnalité. Le conflit de la combinaison se situe entre le désir de mener à terme la tâche amorcée et l'envie d'entreprendre quelque chose de plus important.

Du côté positif

On retrouve de la stabilité et du pouvoir dans ce caractère. Les DIX de Gémeaux sont fiables et honnêtes. Ils ont un sens inné de la dignité personnelle, l'amour de la beauté, une passion pour la réalisation et la perfection dans tout ce qu'ils font. Animés d'un profond désir de sécurité, ils sont prêts à travailler fort pour l'obtenir. Leur ténacité et leur persévérance leur permettent d'essuyer bien des revers sans démissionner. Ils sont débrouillards, ont un sens profond des responsabilités familiales et communautaires et sont très consciencieux et soucieux des apparences. Ils sont conventionnels, sans être étroits d'esprit, et tolérants. Comme c'est toujours le cas lorsque la fréquence du Soleil fait partie du portrait, ce sont aussi des individualistes.

Du côté négatif

Extrêmement entêtés, déterminés à faire à leur tête envers et contre tout et tous, ils refusent de s'adapter aux changements, ou de reconnaître les signes de danger lorsqu'ils se manifestent. La persévérance se transforme en témérité, la dignité, en supériorité et en orgueil, et le désir de sécurité prend la forme de la peur, diminuant la force et affaiblissant le caractère. La cruauté que l'on trouve si souvent du côté négatif de la fréquence du Soleil apparaît dans le portrait, mais les DIX de Gémeaux sont plus susceptibles d'être cruels envers eux-mêmes qu'envers les autres. Le côté négatif de cette personnalité cache une tendance au masochisme, un malin plaisir à s'infliger des souffrances, de même qu'à détruire le bonheur des autres.

L'équilibre

Une activité constante, de nombreuses responsabilités et le développement des aspects positifs tels que l'indulgence et la bienveillance contribuent largement au maintien de l'équilibre de cette nature plutôt intense. Les DIX de Gémeaux ont également besoin de cultiver le côté plus insouciant de la vie et de ne pas devenir trop sérieux ni trop ardents. Ils possèdent l'attrait personnel naturel de la fréquence du Soleil, qui devrait être encouragé à s'exprimer sous forme de joie et de gaieté, plutôt que sous forme de suffisance. Par-dessus tout, les DIX de Gémeaux ont besoin d'accroître leur adaptabilité. La détermination immuable de leur volonté devrait être changée et adoucie, ce qu'ils peuvent accomplir efficacement en canalisant leurs désirs et leur imagination dans des activités constructives.

Commentaire

Après une étude exhaustive, précédée d'une certaine consternation, la signification symbolique de l'illustration de la carte du tarot appartenant à ce cycle, et de son appellation, a pu être analysée de façon satisfaisante. Dès le début, il était clair que le DIX de Gémeaux était un cycle de grande force, produisant des personnes fortes et positives, dont un grand nombre étaient à la fois charmantes et accomplies. Pourquoi donc appelait-on leur carte «ruine»? Et pourquoi ce personnage prostré, transpercé de dix épées?

Il semble que l'artiste essayait d'illustrer l'extraordinaire persévérance qui est l'une des principales caractéristiques de cette personnalité : on peut la blesser, mais on ne peut l'abattre. Les DIX de Gémeaux ont beaucoup de persévérance et une résistance extraordinaire. Jamais ils ne s'avouent vaincus et, comme ils ont beaucoup de qualités positives et un charme personnel considérable, ils finissent habituellement par obtenir ce qu'ils veulent. Ils font de bons amis, et des ennemis formidables, parce qu'ils n'acceptent jamais la défaite.

Des personnalités puissantes apparaissent sur la liste des noms célèbres de ce cycle, de Néron, qui jouait du violon pendant que Rome brûlait, à la duchesse de Windsor, qui a détrôné un roi. On y trouve également la personne qui a offert à des millions de spectateurs sa brillante interprétation du personnage de Sherlock Holmes, Basil Rathbone; et Errol Flynn, qui a animé tant de héros plus grands que nature. Le légendaire Paul Gauguin, dont la vie romantique est digne des histoires de cinéma, figure également ici. En musique, on a Igor Stravinski; en philosophie, Alice Bailey, théosophe, et Pascal, qui appelait l'homme le «roseau pensant», «roseau» à cause de sa fragilité lorsqu'on le juxtapose à la nature, et «pensant», parce que c'est ce qui lui donne grâce et grandeur : le fait qu'il soit conscient de sa condition.

Lors d'études personnelles de gens appartenant à ce cycle, on a découvert que le charme de la fréquence du Soleil est l'une de leurs caractéristiques prédominantes. Les DIX de Gémeaux portent en eux les germes du succès matériel, car toute fréquence du Soleil possède «le don d'acquérir la richesse» et que l'ambition naturelle des DIX de Gémeaux est de vivre dans la sécurité. Ils aiment se sentir bien établis, que le plancher soit solide sous leurs pieds. Leur principal danger réside dans la détermination excessive, dans l'entêtement, l'égoïsme et l'orgueil, ce que le document du tarot appelle «le mépris et l'insolence».

«Ruine»

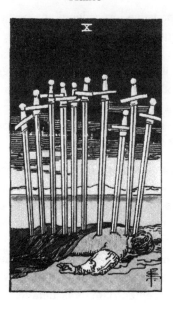

Comme le facteur équilibreur est la bienveillance pour toutes les fréquences du Soleil, l'adaptabilité pour tous les potentiels DIX et la ten-
dresse pour ceux dont la caractéristique de base est l'AIR, il semble que
cette triple prescription de base donnerait de bons résultats dans le cas
des DIX de Gémeaux. L'expérience a démontré que c'est le cas : ils
sont plus heureux et ils réussissent davantage lorsqu'ils se débarras-
sent de leurs tensions et qu'ils prennent la vie comme elle vient.

LE CHARIOT

LE CANCER
(Du 21 juin au 21 juillet)

Le personnage positif et triomphant du Chariot porte un message de confiance. Il est le conducteur, mais il n'a pas besoin de rênes pour diriger ses montures, blanche ou noire, bonne ou mauvaise. Sa ceinture et son tablier portent les symboles du pouvoir magique, qui ne peut être obtenu que par de longs et patients efforts. Selon une croyance populaire, les personnes nées sous le signe du Cancer auraient des caractères faibles et négatifs. Le Chariot atteste du contraire : sa devise est *toujours de l'avant!* Votre véhicule est bien fourni et équipé. VOUS en êtes le conducteur. La seule mise en garde est de ne jamais oublier que vous conduisez *deux* sphinx, harnachés à votre voiture. L'un d'eux est blanc, l'autre, noir, et il faut constamment surveiller les deux.

DEUX de CANCER

Du 21 juin au 1er juillet   (de 0° à 9°59' de ♋)

Potentiel : DEUX	Fréquence : VÉNUS
(*initiative*)	(*productivité*)

Caractéristique de base : EAU
(*flexibilité*)

La bienveillance, l'intuition, une imagination créative et un charme personnel puissant sont harmonieusement amalgamés dans cette personnalité. On n'y trouve qu'un léger conflit, situé entre le désir de produire ou de créer et le besoin impérieux de changement et de choses nouvelles.

Du côté positif

Le charme instinctif de la fréquence de Vénus, combiné à la caractéristique flexible de l'Eau, crée une personnalité délicieuse. Les DEUX de Cancer sont des personnes gaies, aimant le plaisir, affectueuses et grégaires, hospitalières et généreuses. Elles ont une compréhension exacte et intuitive des besoins et des désirs des autres, et elles savent créer autour d'elles une atmosphère heureuse. Comme tous les DEUX, elles sont prêtes à entreprendre de nouveaux projets à n'importe quel moment et leur initiative enthousiaste de même que leur vive imagination sont leurs meilleurs atouts. Cette nature est douée d'une douceur et d'une délicatesse fondamentales, d'une bonté de coeur qui s'exprime en une bienveillance authentique. Elles sont portées vers les arts créatifs, ou vers le mysticisme religieux. Rarement satisfaites de simples intérêts intellectuels et physiques, elles aiment explorer les frontières de l'esprit.

Du côté négatif

Les DEUX de Cancer sont instables et changeants, nerveux et insatisfaits de leurs conditions actuelles. Ils passent d'une activité à l'autre sans rien terminer, et dispersent leur amour et leur affection dans trop de directions différentes. Incapables de prendre des décisions par l'exercice de la logique, ils oscillent d'une idée intuitive à une autre, et lorsqu'ils finissent par se décider, ils sont extrêmement entêtés dans leur décision. Lorsqu'ils sont négatifs, ils sont indignes de confiance et déloyaux, égoïstes et sensuels; ils manquent de jugement dans le choix de leurs amis, de leur entourage et de leurs entreprises et souffrent d'une insatisfaction émotive profonde car ils ressentent, plus fortement que n'importe qui, un manque d'équilibre en eux-mêmes.

L'équilibre

L'usage intelligent de l'intuition est le meilleur moyen de garder cette personnalité en équilibre. Le pouvoir intuitif est si aigu que, s'il est encouragé, formé et développé, il sonnera toujours l'alarme ou indiquera le chemin à suivre. Il faut éviter à tout prix les gestes forcés ou impulsifs. Plus les DEUX de Cancer abordent la vie facilement, doucement et gracieusement, plus grandes sont leurs chances de bonheur et de succès. Ils ont besoin d'être entourés de connaissances et d'amis; seuls, ils ne sont pas heureux et ne réagissent pas bien au malheur. Comme c'est le cas de toutes les fréquences de Vénus, ils doivent adopter des normes de conduite sensées et maîtriser leurs émotions avant de pouvoir donner libre cours à toute la beauté et à tout le charme de leur personnalité.

Commentaire

Lorsqu'on a suggéré aux personnes nées au cours de cette période de développer et de former leur intuition, on a découvert que peu d'entre elles avaient la moindre idée des moyens à prendre en ce sens. La formule du cycle de dix jours suggère un bon processus, en montrant, par les symboles, que l'*intuition* et la *mémoire* sont presque la même fonction. On a découvert également que l'effort délibéré visant à développer une mémoire précise, en commençant par des choses simples comme des numéros de téléphone et des listes d'épiceries, aiguisera «la voix encore menue» de l'intuition, de sorte qu'elle puisse être bien entendue et écoutée.

On dit des DEUX de Cancer qu'ils sont animés d'une forte impulsion vers la création, et il semble que des fonctions créatives exigent d'être mises en pratique, d'une façon ou d'une autre; en effet, leur inhibition a tendance à créer un déséquilibre, comme l'eau débordant d'une digue. N'importe quel type d'activité créative, écrire un livre ou préparer une salade, aidera à garder cette personnalité en équilibre, à fonctionner du «bon côté».

Les qualités négatives de ce cycle se manifestent généralement sous forme d'égoïsme, de suffisance et, souvent, de simple paresse, l'un des facteurs de la fréquence de Vénus. Les personnes nées au cours de ce cycle sont portées vers les formes de mysticisme les plus dangereuses : les côtés négatifs du psychisme et du spiritualisme.

Lorsqu'ils sont équilibrés, les DEUX de Cancer sont du nombre des personnes les plus charmantes, les plus aimables et les plus attirantes du monde, comme c'est le cas d'un certain nombre de personnalités des plus brillantes et des plus extraordinaires. Deux scientifiques intuitifs ont leur anniversaire au cours de ce cycle et, étrangement, le même jour : Alexis Carrel, auteur de *L'Homme, cet inconnu*, et Harlan Stetson, dont les recherches sur les cycles des taches solaires font l'objet de nombreuses références dans les derniers chapitres de cet ouvrage. La liste de ce cycle inclut au moins quatre femmes remarquables : Helen Keller, célèbre pour sa victoire sur la cécité et la surdité; Pearl Buck, qui a fait connaître une race étrangère à ses lecteurs; Nancy Fullwood, dont

les écrits intuitifs ont donné du réconfort spirituel à des milliers de lecteurs; et Ann Morrow Lindbergh, dont les ouvrages remplis de sensibilité ont profondément touché ses lecteurs. Charles Laughton. Giacomo
Puccini, compositeur d'harmonies délicates, et Pierre Paul Rubens, peintre des teintes délicates et des courbes sensuelles de la silhouette féminine, sont nés au cours de ce cycle, de même que Luigi Pirandello,
dramaturge, et George Orwell, romancier.

Les problèmes humains préoccupent les DEUX de Cancer, plus que
l'aspiration à la gloire. Le docteur William Mayo, grand chirurgien huma-
niste, Theodore Lothrop Stoddard, spécialiste des problèmes raciaux,
et E. W. Kemmerer, célèbre économiste, appartiennent à ce cycle. Coïncidence intéressante, l'anniversaire de naissance du duc de Windsor,
qui a renoncé au trône par amour, fait également partie de ce cycle.

«Amour»

Le titre de la carte du tarot attribuée à ce cycle, dans le document
ancien, est le simple mot «amour».

TROIS de CANCER

Du 2 au 11 juillet   (de 10° à 19°59' de ♋)

Potentiel : TROIS   Fréquence : MERCURE
(détermination)   *(sagacité)*

Caractéristique de base : EAU
(flexibilité)

La réceptivité, la sensibilité, la vivacité d'esprit, l'intensité et une profonde sympathie humaine sont les principaux facteurs de ce caractère. Le conflit se situe entre le jugement froid de la pensée et le chaleur de la nature émotionnelle.

Du côté positif

Cette personnalité possède une faculté intuitive puissante et un esprit analytique aiguisé, rare combinaison. Les TROIS de Cancer peuvent à la fois penser et sentir avec exactitude, ce qui leur confère une intelligence intuitive fiable, qui fonctionne facilement et naturellement. Par nature, ce sont des personnes heureuses, aimant le plaisir, capables de grandes jouissances sensuelles, mais possédant une assurance et un équilibre innés qui les guident vers la tempérance et le discernement. Comme tous les TROIS, ils font preuve de compréhension et de sympathie pour la souffrance humaine, et considèrent de leur devoir de faire quelque chose pour la soulager. Aux yeux du monde, ce sont des humanistes; aux yeux de leurs amis, des personnes affectueuses, tolérantes et généreuses. Ce sont des penseurs créatifs, logiques et analytiques. Ils ont un don naturel pour l'expression, orale ou écrite. Leur détermination, cachée par leur délicatesse, est une grande force de leur nature, presque invulnérable.

Du côté négatif

Les TROIS de Cancer laissent leurs émotions et leur sympathie dominer, submergeant le pouvoir logique et analytique de leur esprit naturellement bon. Physiquement, ils deviennent indolents et portés aux excès dans les plaisirs. Ils dégradent leur intelligence, qu'ils emploient à l'astuce et à la ruse, et sont capables de s'abaisser à tricher pour obtenir ce qu'ils veulent. Lorsqu'ils sont négatifs, les TROIS de Cancer sont paresseux et croient pouvoir remplacer l'effort positif par leur intelligence. Cette tendance à la paresse fait ressortir la tendance à la cruauté que l'on trouve du côté négatif de tous les potentiels TROIS : une cruauté qui est l'opposée polaire de la sympathie du côté positif. Lorsque les TROIS de Cancer sont négatifs, leurs réactions, normalement rapides, ralentissent, ce qui les rend passifs, avides et égoïstes.

L'équilibre

Une approche positive et créative face à la vie, l'activité physique, le développement des facultés mentales et la pratique de la tempérance sont des facteurs d'équilibre nécessaires aux TROIS de Cancer s'ils veulent avancer sur la bonne route. Des décisions logiques, suivies d'une action immédiate, et l'encouragement à diriger leur ambition vers des buts pratiques et concrets aideront à fournir la discipline mentale nécessaire pour stimuler les fines qualités de cette personnalité intelligente et constructive, mais hypersensible.

Commentaire

Bien qu'ils possèdent le don naturel de l'éloquence, orale et écrite, les TROIS de Cancer ont également, d'après les symboles de ce cycle, le don du silence. On a découvert que cette contradiction apparente se traduit par la capacité rare de juger quand il y a lieu de parler et quand il y a lieu de se taire. Bien sûr, il leur arrive parfois de passer d'un extrême à l'autre : le président de Coolidge, alias «le silencieux Cal», (*Silent Cal*), était un exemple typique. Franz Kafka, dont les histoires étranges et surréalistes de personnes qui taisent ce qui se passe, errant rêveusement dans un labyrinthe d'aliénation, appartient à ce décan. Il en va de même de Nathaniel Hawthorne, Herman Hesse et Marcel Proust. Gustav Mahler, compositeur, est également né au cours de ce cycle, de même que Merv Griffin, Yul Brynner, Louis Armstrong et Ringo Starr.

Il existe une force indéniable dans cette nature, mais elle est subtilement camouflée par la flexibilité et par une perspective impersonnelle typique de la fréquence de Mercure. C'est une force défensive plutôt qu'offensive, une force de résistance, plutôt que d'attaque. Tous les TROIS sont des réformistes en puissance, et lorsqu'ils poussent cette caractéristique à l'extrême, ils sont susceptibles de devenir fanatiques. Toutefois, leur esprit logique et leur pensée rationnelle les arrêtent habituellement avant qu'il ne soit trop tard.

Ils sont exceptionnellement bien équipés pour penser clairement, et cette capacité se développe efficacement par des activités créatives et constructives. Parmi les personnes de ce cycle connues pour leurs activités contructives se trouvent les Rockefeller, John D. et son petit-fils

Nelson, dont le talent pour faire fortune porte bien le nom de la carte du tarot de cette période «abondance».

Ce nom, bien sûr, a de nombreuses applications possibles et l'une d'elles peut très bien être le côté de cette personnalité qui recherche le plaisir, caractéristique habituellement flagrante. En observant, parmi les TROIS de Cancer, des personnes des différentes classes de la société, on a découvert qu'elles avaient un sens aigu de la jouissance et une appréciation des bonnes choses de la vie qui ne dépasse les bornes que rarement, car la fréquence logique de Mercure vient souvent à la rescousse des tendances dépravées propres à la caractéristique de l'Eau.

Parmi l'outillage naturel des TROIS de Cancer se trouve une grande capacité de réalisation. Les obstacles sont la paresse, le manque de clarté des objectifs, tendance négative de toutes les natures d'Eau, et le danger de permettre aux sympathies et aux émotions de dominer le bon sens. Toutefois, lorsqu'elles sont équilibrées, c'est-à-dire lorsque leur esprit logique dirige et maîtrise leurs activités, les personnes nées au cours de ce cycle peuvent accomplir de grandes choses. La caractéristique de base de l'Eau donne de la polyvalence à leur intelligence, et la force du potentiel TROIS leur assure une base solide. Le document du tarot leur promet «l'abondance, la plénitude, la chance et la fortune».

«Abondance»

QUATRE de CANCER

Du 12 au 21 juillet   (de 20° à 29°59' de ♋)

Potentiel : QUATRE   Fréquence : LUNE
(stabilité)   *(adaptabilité)*

Caractéristique de base : EAU
(flexibilité)

La sérénité, la tolérance, l'optimisme et l'intuition sont les dons naturels de cette personnalité. Le conflit se situe entre le désir de sécurité et le désir de changement et d'expansion.

Du côté positif

On a ici une personnalité heureuse, pleine d'espoir, calme et qui s'adapte facilement. Les QUATRE de Cancer sont des travailleurs infatigables, respectueux de la discipline, prêts à se conformer aux exigences des circonstances et à tirer le meilleur de toutes le situations. Prenant la vie comme elle vient, ils sont réceptifs et sensibles aux impressions. Ce sont des interprètes et des spécialistes de la synthèse plutôt que des créateurs, mais ils ont une approche hautement constructive face à la vie, préférant toujours construire plutôt que détruire, avancer plutôt que reculer. Ce sont des penseurs intuitifs mais prudents et lents à passer à l'action. Ils n'ont pas d'ambition personnelle; ils désirent la paix et le bonheur, plutôt que la gloire et le succès. Ils sont impersonnels plutôt qu'émotifs, mais sympathiques, indulgents et généreux.

Du côté négatif

L'adaptabilité devient de la passivité, et le calme se transforme en léthargie statique et en paresse. Négatif, le QUATRE de Cancer rêve, remet tout au lendemain et attend que les occasions s'offrent à lui. Il devient apathique et jouisseur. Il gaspille son énergie sur des détails inutiles et insignifiants et se cramponne à de minces espoirs. Il ne manque pas de courage, mais il manque de détermination lorsqu'il s'agit d'enlever les obstacles qui lui barrent la route : il veut la paix à n'importe quel prix. Son attitude détachée se change en froideur et sa sympathie, en pitié, si bien qu'il erre fréquemment du côté de la pitié et perd tout sens d'éthique. Se fiant à son intuition plutôt qu'à sa logique, il se réfugie dans un monde illusoire et perd son emprise sur la réalité.

L'équilibre

Le discernement, l'activité, le recours à la logique et une politique basée sur le bon sens et la prévoyance sont nécessaires pour garder cette personnalité en équilibre. La maîtrise de soi est essentielle, à la fois en ce qui a trait aux plaisirs physiques et à l'utilisation de l'imagination. Le développement d'une perspective mentale claire, d'un bon jugement des gens et des circonstances, et l'habileté de choisir un plan d'action menant à quelque but valable, plutôt que de simplement errer, apporteront l'équilibre dans la vie des QUATRE de Cancer. Ces derniers devront lutter avec détermination contre une hypersensibilité aux impressions, aux idées, aux actions des autres, et contre un optimisme excessif.

Commentaire

L'établissement d'un pouvoir minoritaire est nécessaire pour composer efficacement avec cette personnalité. La stabilité, le sens de l'ordre et le bon sens du potentiel QUATRE sont susceptibles d'être écrasés par les caractéristiques de flexibilité et d'intuition de l'Eau et de la fréquence de la Lune. Le résultat de ce déséquilibre est un caractère qui, par nature, a plus de douceur que de force, plus d'imagination que de détermination et une forte tendance à prendre ses désirs pour la réalité.

Toutefois, les facultés positives sont susceptibles de développement puisque, dans cette personnalité délicate, se trouvent un réservoir d'énergie calme, une force de volonté persévérante qui revient constamment à l'attaque, même après une série d'échecs qui décourageaient les moins optimistes. Une étude exhaustive de ces personnes apparemment passives a révélé que leur personnalité est comme l'argile d'un potier et que, façonnée par l'exercice de la volonté, elle peut prendre n'importe quelle forme. Toutefois, afin d'être permanent, ce façonnage doit se faire par des efforts répétés de la part des QUATRE de Cancer. Accompli par n'importe qui d'autre, ses effets disparaîtront du jour au lendemain.

On a découvert que les QUATRE de Cancer sont influencés facilement par leur entourage, qu'ils ont tendance à prendre la couleur de leur environnement, comme des caméléons. Ils reflètent plutôt que de rayonner, comme l'eau reflète le bleu du ciel ou les nuages. Pour cette raison, le choix de leurs associés et de leur environnement est d'une importance vitale, car ils ont tendance à s'accrocher à ce qu'ils ont, malgré les déceptions et la tromperie. Ils excellent à tirer le meilleur d'une mauvaise situation, mais ils manquent de détermination lorsqu'il s'agit de changer le mauvais pour le bon, ou de s'en débarrasser. Leur sympathie intense pour les souffrances des autres les pousse souvent à être injustes envers eux-mêmes.

Lorsqu'ils sont équilibrés, ils sont très charmants, productifs et souvent brillants. Ils ne perdent jamais leur délicatesse : le plus aimable des trois Barrymore était Lionel, un QUATRE de Cancer. Chez les écrivains, Isaac Bashevis Singer, Henry David Thoreau et Marshall McLuhan célèbrent leur anniversaire de naissance dans ce cycle. Chez les musiciens, on trouve Isaac Stern et Van Cliburn; on trouve aussi des peintres, soit Andrew Wyeth, Degas, Marc Chagall et Rembrandt. L'inventeur et auteur R. Buckminster Fuller appartient également à ce cycle. Deux grands rêveurs qui ont concrétisé leurs rêves pour le bien de l'humanité : Mary Baker Eddy, fondatrice de la scientologie, et l'éminent chirurgien Charles Mayo, tous deux nés à la mi-juillet. Il y a, dans cette personnalité, un désir intense d'harmonie, de justice et de bonheur humain.

«Plaisir amalgamé»

La flexibilité de ce caractère est à la fois son plus grand charme et son pire danger. Il n'est pas facile de la maîtriser sans détruire son charme, mais les symboles fondamentaux de ce cycle suggèrent le meilleur moyen. Le personnage illustré sur la carte est assis, les yeux fermés et n'a qu'à se réveiller et à entrer en action pour recevoir une coupe débordante de bonne fortune provenant, semble-t-il, directement du ciel!

LA FORCE

LE LION
(Du 22 juillet au 22 août)

Cette clé est une représentation parfaite de l'*énergie*, le pouvoir sans
nom qui circule éternellement dans tout ce qui vit sur terre. Le Lion,
symbole de l'animal, de la force *physique*, devient obéissant entre les
mains délicates de la Femme. Elle symbolise l'énergie *spirituelle*, représentée ici par sa robe blanche et le signe d'infinité au-dessus de sa tête.
Mais la Femme et le Lion sont liés l'un à l'autre, unifiés, par une chaîne
de roses, symbole de l'amour. Ils ne sont pas deux entités, mais *une*.
La conscience instinctive dans cette énergie sans rupture est le cadeau
de naissance spécial du Lion, l'un des trois signes de Feu du zodiaque.
Notez que la Femme peut, à volonté, soit fermer la gueule du Lion, le
calmer, soit l'encourager à rugir. Femme ou homme, cette énergie est
EN VOUS. Le choix est vôtre!

CINQ de LION

Du 22 juillet au 1ᵉʳ août   (de 0° à 9°59' de ♌)

Potentiel : CINQ   Fréquence : SATURNE
(activité)   *(intensité)*

Caractéristique de base : FEU
(énergie dynamique)

La détermination, le pouvoir personnel, la force constructive et la fermeté d'intension sont les principales caractéristiques de cette nature. Le conflit émane du fait que les facteurs naturels sont tous positifs, sans modification permettant de soulager la tension.

Du côté positif

Nous avons ici une personnalité extraordinairement dynamique, qui aborde la vie de façon directe, avec une grande énergie et une activité inlassable. Les CINQ de Lion sont des travailleurs acharnés, capables d'inspirer et de diriger les autres, qu'il s'agisse d'affaires pratiques ou de la vie sociale. Ils ont une grande capacité pour l'effort concentré et continu, une grande vitalité, beaucoup d'endurance, d'initiative et de patience. Ce sont des entrepreneurs et des personnes autonomes, capables de se motiver elles-mêmes. Leur cycle en est un de grande puissance, de domination et de fermeté, mais les CINQ de Lion sont profondément sympathiques et sensibles à la souffrance et au malheur humains. Très émotifs, ils sont portés aux extrêmes de l'affection et de la loyauté. Ils sont aussi chaleureux et bienveillants, toujours empressés à améliorer la situation et à redresser les injustices. Ils ont un sens profond de la responsabilité sociale.

Du côté négatif

Ils sont cruels et destructeurs. Leur unique désir est d'obtenir le pouvoir, sur les autres et dans toutes les situations. On les trouve intolérants et arrogants, impitoyables et immoraux dans leurs actions, entêtés et incapables de respecter d'autre point de vue que le leur. Lorsqu'ils sont négatifs, les CINQ de Lion se replient littéralement sur eux-mêmes, comme un ressort tendu. Ils sont susceptibles de semer le malheur autour d'eux, deviennent égocentriques et introvertis et concentrent leurs forces personnelles positives sur leurs propres émotions. Ils gaspillent leur énergie en colère, en querelles et en activités négatives.

L'équilibre

La reconnaissance de leurs tendances, positives mais excessives, et la détermination à les adoucir en encourageant le côté bienveillant de leur nature constituent la première étape vers l'équilibre pour les CINQ de Lion. Ils ont besoin d'apprendre l'art de la détente délibérée, et de cultiver des habitudes donnant-donnant dans leurs relations interpersonnelles. «Calme-toi» devrait être la devise de tous les CINQ de Lion. La maîtrise des émotions, surtout de la colère et de la jalousie, et l'acquisition du sens de l'humour sont les principales clés de l'équilibre de cette forte personnalité. Pour équilibrer toute fréquence de Saturne, le rire est le meilleur remède possible.

Commentaire

Ce qui impressionne le plus, lorsqu'on étudie les personnes nées au cours de ce cycle de Feu puissant, c'est leur valeur, à titre personnel, dans l'ordre des choses. Après tout, la vie est une bataille, on ne peut échapper à cet axiome, et les CINQ de Lion sont des guerriers et des lutteurs nés, littéralement et figurativement. Le nom de leur carte de tarot est «dissension», et l'illustration montre un groupe de cinq athlètes, se bagarrant énergiquement, mais, apparemment, sans grande méchanceté; ils semblent vraiment se battre pour le plaisir, ou comme si c'était leur devoir. N'importe quelle personnalité qui, comme celle-ci, ne compte parmi ses symboles que des forces positives, masculines, directes, émanant de la caractéristique du Feu, du potentiel CINQ et de la fréquence de Saturne, est pourvue d'un esprit de lutte qui s'anime facilement.

Les noms célèbres de ce cycle appartiennent presque tous à des personnalités impressionnantes. Mentionnons Carl Gustav Jung, maître psychologue et philosophe; Henry Ford I; Aldous Huxley, qui a vaincu la cécité et est devenu un écrivain célèbre; Max Heindel, rosicrucien; les maîtres conteurs Alexandre Dumas et Herman Melville; Amelia Earhart, aviatrice légendaire; Raspoutine, sorcier et démagogue; Mick Jagger, roi du rock, et le dernier, mais non le moindre, le brillant George Bernard Shaw.

En général, les CINQ de Lion sont des personnes intenses, susceptibles de se soumettre elles-mêmes à des tensions telles que leurs nerfs finissent par lâcher. Leur passion pour le pouvoir adopte différentes formes et se remarque souvent dans les relations familiales. Le CINQ de Lion sera la personnalité dominante au foyer, pour le meilleur ou pour le pire, selon son degré d'équilibre, et selon la force ou la faiblesse des personnalités de son entourage. Les personnes de nature douce n'ont aucune chance de résister à un CINQ de Lion : son complexe du pouvoir les écrase bien que, souvent, il ait les meilleures intentions du monde; il fera également des gestes en apparence pleins de considération et de bonté alors qu'il n'en est rien.

Parce qu'ils sont si positifs, que tout le poids se trouve du même côté de la balance, les CINQ de Lion ont habituellement besoin de faire des efforts délibérés pour se détendre à intervalles réguliers, pour s'adapter au rythme humain normal, qui va et vient continuellement d'un pôle à l'autre. Il n'est pas facile pour cette personnalité de s'adapter, à cause de sa tendance à adopter un point de vue immuable. Peut-être plus que n'importe quel autre groupe de cycle, les CINQ de Lion ont besoin d'apprendre l'art fondamental de vivre dans un monde basé sur les échanges et de prendre la vie comme elle vient. Lorsqu'ils y parviennent, ils peuvent être, comme nous l'avons déjà suggéré, des membres très importants de la communauté humaine car, quand il s'agit des questions les plus importantes de la vie, ils se battent sans restriction pour n'importe quelle cause qu'ils ont à coeur.

«Dissension»

SIX de LION

Du 2 au 11 août   (de 10° à 19°59' de ♌)

Potentiel : SIX   Fréquence : JUPITER
(ambition)   *(stabilité)*

Caractéristique de base : FEU
(énergie dynamique)

La dignité, la jovialité, l'idéalisme et une volonté indomptable forment la structure de cette personnalité. Il n'existe qu'un léger conflit, qui se situe entre le désir d'être généreux et celui d'être absolument juste.

Du côté positif

Cette nature est extraordinairement bien équilibrée. Les SIX de Lion ont le sens du pouvoir personnel, de la confiance en soi et de l'assurance. Vifs et dynamiques, ils exercent une grande influence sur les gens et les situations. Leur sens profond de la justice et leur esprit ordonné font qu'ils sont fidèles aux conventions et aux traditions. Idéalistes plutôt que réalistes, ils possèdent cependant beaucoup d'énergie et d'endurance. Désirant la paix par-dessus tout, ils sont prêts à se battre pour l'obtenir; épris de beauté et de perfection en tout, ils sont disposés à travailler fort pour obtenir ce qu'ils veulent. Dans leurs relations interpersonnelles, ils sont chaleureux et passionnément fidèles. Ils ont beaucoup de charme personnel, en plus d'une dignité instinctive et infaillible. Le SIX de Lion est un chef naturel, bien équipé pour remplir des fonctions importantes et assumer de grandes responsabilités.

Du côté négatif

Ils sont intolérants, dominateurs et égocentriques. Tout est sacrifié à leurs ambitions, y compris leurs amis et ceux qu'ils aiment. Ils sont orgueilleux, sensibles aux critiques, étroits d'esprit et sectaires. Du côté négatif, leur générosité ne se transforme pas en prodigalité, comme c'est souvent le cas pour d'autres, mais elle diminue et se transforme en pingrerie. Ils ont peur de donner. Leur dignité devient de la prétention et l'unique forme de leur amitié, du patronage. Parce qu'ils ont des caractéristiques positives aussi fortes, l'expression de leur côté négatif est également puissante. Un SIX de Lion négatif peut être extrêmement malheureux et occasionner de grandes souffrances aux autres.

L'équilibre

La bienveillance et l'indulgence face à la justice sont les meilleurs facteurs équilibreurs du SIX de Lion. Lorsque le côté positif du potentiel SIX est encouragé, il a le même effet général que le soleil qui réchauffe et tempère l'atmosphère. La tolérance et l'adaptabilité, la sincérité et l'esprit d'équipe en tout temps contribuent grandement à garder les SIX de Lion sur la bonne voie. Le charme magnétique de cette personnalité a besoin de toute sa dignité naturelle et d'une petite dose supplémentaire de délicatesse pour fonctionner au maximum.

Commentaire

L'égoïsme des SIX de Lion semble avoir un certain aspect magique, comme si le charme de leur personnalité avait tendance à en faire une qualité plutôt qu'un défaut. Ils prennent le plancher, et le gardent, avec une telle grâce et une telle assurance que personne ne s'y oppose. En fait, l'égoïsme, en soi, est une qualité positive, car elle est l'un des ingrédients personnels du meneur d'hommes, et les SIX de Lion ont un talent inné pour devenir meneurs d'hommes.

Leur problème, bien sûr, est d'utiliser cette qualité dominante de façon constructive. Lorsqu'ils ne sont pas en position d'autorité, leur sentiment de supériorité frustré est susceptible de les pousser à écraser les autres. On a découvert que cette personnalité, capable d'attirer plus d'amour et de loyauté que n'importe quel autre signe, peut tout aussi facilement inspirer davantage de haine amère, de jalousie et d'antipathie. Leur nature possède une force et un pouvoir extraordinaires, pour le meilleur ou pour le pire.

Parmi les SIX de Lion célèbres, on trouve des travailleurs acharnés et des idéalistes tels que Arthur Goldberg, ex-représentant américain aux Nations Unies; Herbert Hoover, qui était respecté pour l'aide qu'il avait apportée aux pauvres, avant de devenir président; et Mata Hari, qui a travaillé fort pour son pays, à sa façon. On trouve également les poètes Shelley et Alfred Lord Tennyson; le romancier Guy de Maupassant; le directeur cinématographique John Huston et l'actrice dynamique et immortelle, Lucille Ball.

Ce cycle est la seconde «période de pointe» de la vague de l'année solaire. Elle ne semble pas avoir produit un pourcentage très élevé de personnages célèbres, mais les quelques noms qui se trouvent sur la liste appartiennent à des personnes influentes, reconnues pour leur vitalité, leur compétence, leur charme et leur dignité. La caractéristique émotionnelle du Feu donne aux SIX de Lion une force dynamique plus grande que celle de n'importe quel autre groupe de pointe, mais ils sont moins brillants et moins intelligents que les SIX de Verseau, qui se trouvent à la pointe des naissances célèbres. La fréquence de Jupiter semble leur donner un esprit logique, mais pas l'intellectualité vive et brillante de la fréquence de Mercure. Tel que nous l'avons souligné, tous les SIX sont des égoïstes naturels mais, à cause du sens de la justice inhérent à la fréquence de Jupiter, les SIX de Lion sont plus enclins à la bonté et moins portés à la cruauté que n'importe lesquels des autres natifs du Lion. Lorsqu'on fait affaire avec eux, il semble que la meilleure approche soit d'en appeler à leur coeur plutôt qu'à leur tête. Ils veulent toujours occuper la position supérieure et la seule façon de les faire céder est de toucher leurs émotions : l'amour ou la haine, la pitié, la loyauté ou la jalousie. Il ne sert à rien de faire appel à leur raison puisque, dans ce domaine, ils se croient absolument inébranlables.

Ils aiment la beauté et détestent le désordre et la laideur. Ils aspirent à la perfection et à la réalisation et sont très difficiles à satisfaire. Vivre ou travailler avec un SIX de Lion n'est pas de tout repos car ils ne sont pas faciles à comprendre. Toutefois, l'étude de leur caractère a démontré clairement qu'ils portent en eux les germes de la grandeur et que leur cycle en est un d'où pourraient émerger les personnes dont notre monde chaotique a le plus besoin : des *chefs*, justes et honorables, forts et bons, prêts à accepter et à assumer des responsabilités.

«Victoire»

SEPT de LION

Du 12 au 22 août   (de 20° à 29°59' de ♌)

Potentiel : SEPT   Fréquence : MARS
(polyvalence)   *(activité)*

Caractéristique de base : FEU
(énergie dynamique)

Le courage, la débrouillardise, l'imagination et l'intensité sont les composantes fondamentales de cette personnalité. Le conflit se situe entre le désir de suprématie, qui sous-entend la concentration, et la tendance à s'éparpiller ou à diversifier ses intérêts.

Du côté positif

Les SEPT de Lion sont imposants, pétillants, toujours prêts pour l'action, l'aventure ou... la bataille. Énergiques et enthousiastes, infatigables, ils sont capables d'inciter les autres à travailler avec eux et pour eux. Ils ont beaucoup de charme, surtout pour le sexe opposé. Ils sont émotifs, dynamiques et passionnés dans leurs amours. Leur imagination est vive et créative; ils ont tendance à tout dramatiser, des petits détails aux grandes entreprises. Ils sont capables d'une intense concentration et, lorsqu'ils sont positifs, n'ont peur d'absolument rien. Sous pression, ils font preuve d'un grand courage et la débrouillardise est une de leurs plus grandes qualités.

Du côté négatif

Ce sont des batailleurs, adoptant en tout temps le point de vue opposé ou une position défensive. Querelleurs, orgueilleux, susceptibles et entêtés, ils sont incapables de coopérer avec les autres; ils veulent toujours dominer et diriger. Leur débrouillardise se transforme en nervosité et en impétuosité; ils font des gestes sans réfléchir aux conséquences. Négatifs, ils sont susceptibles d'être cruels dans leurs relations interpersonnelles, surtout lorsque les émotions entrent en jeu. Leur polyvalence les pousse à éparpiller leurs énergies à un point tel que les efforts qu'ils déploient pour se concentrer sur plusieurs choses en même temps détruisent leur équilibre mental et les rendent irritables, nerveux et indignes de confiance. Il est difficile pour eux de coordonner leurs énergies.

L'équilibre

La maîtrise de soi, en premier et en dernier lieu, est le principal facteur équilibreur des SEPT de Lion. La discipline s'impose constamment, et la fréquence de Mars et le potentiel SEPT, tous deux combinés ici, doublent cette exigence. L'autodiscipline dans les activités quotidiennes, l'ordre et la régularité dans la routine, l'obéissance aux conventions et l'honnêteté la plus stricte dans toutes les relations humaines sont essentiels pour équilibrer les forces puissantes de cette nature. Les émotions — colère, haine et jalousie — doivent être constamment maîtrisées car leur combinaison leur donne un aspect explosif, difficile à garder sous contrôle. La concentration sur une chose à la fois est la clé du succès. Quant au bonheur personnel, le secret, encore une fois, est la maîtrise de soi.

Commentaire

Au premier coup d'oeil, les SEPT de Lion semblent n'en faire qu'à leur tête. Toutefois, en poussant plus loin, on se rend compte qu'ils sont plutôt comme un homme qui dirigent un groupe de chevaux fougueux, sans fouet, et qui n'a que de minces rubans comme rênes. Ils doivent diriger et maîtriser les chevaux par la seule force de leur volonté, si bien que le problème de ce cycle peut être exprimé par la devise : qui veut conquérir le monde doit d'abord se conquérir soi-même. Et pour les SEPT de Lion, cette tâche est plus difficile que pour les autres, à cause de leurs systèmes nerveux débordants, pour ainsi dire, d'électricité. Le tarot leur attribue «la hardiesse, l'impétuosité, la violence, le désir, la générosité» et ajoute, avec perspicacité, que leur succès dépend de leur «dignité».

Leur polyvalence est d'un type inhabituel. Non seulement sont-ils capables de faire un nombre surprenant de choses différentes, mais ils les font toutes extraordinairement bien, apparemment sans formation ni préparation. Toutefois, le résultat final de cette magie sera fort probablement qu'ils installeront un toit sur un immeuble qui n'a pas de fondations, si bien que ce dernier s'écroulera dès la première tempête. L'imagination des SEPT de Lion n'a pas de limites. Ils doivent apprendre, et pratiquer, l'art de faire une chose à la fois et de terminer une tâche avant d'en commencer une autre. Le SEPT de Lion moyen laisse dans son sillage une traînée de projets inachevés.

Le plus célèbre d'entre eux est Napoléon Bonaparte. Il est un parfait exemple des grandes possibilités de ce cycle, et son échec a ultimement été causé par son incapacité typique de se voir dans un autre rôle que celui de conquérant et, par conséquent, d'oublier ou de négliger la prudence. Madame H. P. Blavatsky, fondatrice de la *Theosophical Society*, qui, presque à elle seule, a apporté la sagesse de l'Orient au monde occidental, et Sri Aurobindo, grand mystique indien, poète et auteur, sont nés au cours de ce cycle. Mentionnons encore le grand romancier

John Glasworthy; le directeur de films à grand déploiement, Cecil B. DeMille; le directeur et maître du suspense, Alfred Hitchcock; le célèbre révolutionnaire, Fidel Castro; l'archéologue britannique, aventurier et auteur, T. E. Lawrence (Laurence d'Arabie); et l'acteur Robert Redford.

L'instabilité de ce cycle est probablement responsable du nombre peu élevé des célébrités qui en font partie mais, dans la vie quotidienne, un grand nombre des personnes les plus dynamiques et les plus excitantes sont des SEPT de Lion. L'analyse démontre qu'ils ne sont malheureux que lorsque leur vision est plus grande que leurs capacités, ou lorsqu'ils refusent de franchir les étapes une à la fois. Ils veulent atteindre le sommet en un seul bond. Ils peuvent se *voir* en train de le faire, et alors, argumentent-ils, pourquoi s'en faire avec la loi de la gravité?

Toutefois, ils encaissent bien les mauvais coups et aucun d'entre eux ne reste découragé plus de quelques heures. Ils possèdent un pouvoir de récupération impressionnant et sont toujours prêts à essayer de nouveau. La seule chose qu'ils désirent vraiment est la même que celle que voulait Napoléon : conquérir le monde, d'une façon ou d'une autre. Et, une fois qu'ils ont conquis les forces fougueuses de leur propre nature, il n'y a rien pour les en empêcher, surtout s'ils suivent le conseil du tarot et conservent, en tout temps, leur dignité personnelle.

«Courage»

L'ERMITE

LA VIERGE

(Du 23 août au 22 septembre)

Le beau personnage silencieux qu'est l'ermite semble seul, indifférent aux préoccupations et aux problèmes du monde qui se trouve à ses pieds. En réalité, il est tellement préoccupé par les problèmes de l'humanité, occasionnés par l'ignorance et la folie, ainsi qu'il l'a appris au cours de son escalade jusqu'au sommet de la montagne, qu'il s'est arrêté pour éclairer la voie de ceux qui le suivent. Les trois décans de la Vierge ont un sens prononcé des responsabilités vis-à-vis des autres, chacun à sa façon, mais visent tous les trois le même but : celui qu'a déjà atteint l'ermite. Il tient la lanterne très haut pour VOUS éclairer la voie et il attend, avec une patience infinie, que vous le rejoigniez.

HUIT de VIERGE

Du 23 août au 1er septembre   (de 0° à 9°59' de ♍)

Potentiel : HUIT   Fréquence : SOLEIL
(sagacité)   *(ambition)*

Caractéristique de base : TERRE
(sens pratique)

La prudence, l'efficacité, le souci des détails et une vive imagination sont les principaux facteurs de ce caractère. Le conflit se situe entre la motivation de l'ambition et la restriction d'un esprit prudent et analytique.

Du côté positif

Nous avons ici une personnalité rationnelle, fiable, capable d'atteindre un degré de compétence élevé dans n'importe quel type de travail qui exige qu'on porte attention aux faits et aux détails. Les HUIT de Vierge sont des travailleurs méticuleux, des penseurs logiques, constructifs, qui ont un sens profond des responsabilités. Ils finissent tout ce qu'ils entreprennent et, malgré leur vive imagination, ils sont extrêmement réalistes et efficaces. Ils aiment suivre la tradition et les conventions, plutôt que d'ouvrir de nouveaux sentiers, mais ils sont fondamentalement courageux. Ils ont une bonne capacité mentale, de la patience et de la tolérance. Ils sont loyaux et affectueux, ordonnés et dignes de confiance. Ils maîtrisent parfaitement leurs émotions et sont doués d'un charme personnel subtil et magnétique.

Du côté négatif

Prudents à l'excès, étroits d'esprit et prudes, ils sont incapables d'agir sans avoir prévu toutes les urgences imaginables. Ils gaspillent leur énergie à des choses sans importance, perdant ainsi toute perspective, toute vision. Ils font des économies de bouts de chandelle et sont avares et radins. Ils sont intolérants et extrêmement critiques face aux comportements et aux moeurs des autres. Leurs activités se limitent à un champ restreint et ils suivent religieusement la routine, refusant même les aventures intellectuelles, ce qui a pour effet d'inhiber leur évolution mentale et de leur faire perdre tout sens de l'initiative et tout esprit d'entreprise.

L'équilibre

Un point de vue sympathique, la patience face aux incompétences et aux faiblesses des autres et le maintien de l'ambition personnelle et d'une vision large sont les facteurs équilibreurs nécessaires aux HUIT de Vierge. La chaleur de la fréquence du Soleil devrait être développée et encouragée, afin d'équilibrer la froideur impersonnelle du potentiel HUIT et le sens pratique, attentionné aux détails, des signes de Terre. L'esprit d'aventure, l'adaptabilité et la tolérance sont des attributs positifs que cette nature devrait toujours mettre de l'avant. Et, toujours, le HUIT de Vierge devrait se méfier de ce genre d'aveuglement qui a pour effet que «les arbres lui cachent la forêt».

Commentaire

Dans ce cycle, il semble que l'ambition et le charme de la fréquence du Soleil soient quelque peu diminués par la combinaison de la sagacité propre au potentiel HUIT et par la pratique de la caractéristique de la Terre. Un psychologue, dans ce cas, pourrait s'attendre à découvrir des inhibitions et des refoulements, et les résultats d'une analyse de la personnalité ont démontré que les personnes nées au cours de cette période sont parfois enclines au plus courant des «complexes» : le complexe d'infériorité. Ce manque de confiance en soi est tellement en contradiction avec l'expression positive de n'importe quelle fréquence du Soleil qu'il provoque le déséquilibre de la personnalité du HUIT de Vierge.

L'acquisition du respect de soi, qui peut se faire en accentuant la valeur des qualités positives de cette nature — compétence, talent et loyauté — constitue une procédure constructive pour les HUIT de Vierge. Ces derniers ont besoin de comprendre que le sens pratique et la prudence, qui leur sont tout naturels, font d'eux des personnes hautement désirables dans presque toutes les circonstances de la vie.

Probablement à cause de leurs ambitions refoulées et d'une modestie indue, la liste des personnes célèbres de ce cycle est plutôt brève. Toutefois, on y trouve Aubrey Beardsley, le grand illustrateur de l'exquise décadence de la fin du siècle; Theodore Dreiser, dont la construction laborieuse de scènes et d'intrigues est typique des HUIT de Vierge, et Leonard Bernstein, brillant compositeur et chef d'orchestre. On note également le grand génie universel, Johann von Goethe, poète, philosophe, dramaturge, romancier, botaniste et scientifique. Le document du tarot leur attribue «le talent, la prudence et l'astuce».

Ils sont rarement portés à l'indolence et ont tendance à prendre la vie plutôt au sérieux. Bien qu'ils possèdent, de par la fréquence du Soleil, une appréciation innée de la beauté et du plaisir, leurs qualités pratiques, rationnelles, forment un ascendant tellement fort qu'ils sont susceptibles d'oublier comment jouer. En règle générale, le potentiel HUIT porte avec lui une acceptation des restrictions qui peut être destructive pour le bonheur, de même que pour l'ambition. Leurs possibilités de bonheur et de succès sont habituellement plus grandes lorsqu'ils visent un but matériel et concret, plutôt qu'idéaliste, mais ils ont besoin de conserver leurs rêves et, par-dessus tout, de continuer à désirer des réalisations de plus en plus importantes, dépassant les limites de leur perspective actuelle. L'expansion des activités, des relations et de la vision est la clé de l'évolution des HUIT de Vierge.

Ce cycle en est un auquel le document du Tarot attribue l'habileté enviable d'«acquérir la richesse». On a découvert qu'un grand nombre de HUIT de Vierge ont un véritable talent pour acquérir et attirer la richesse, et qu'ils semblent extrêmement honnêtes dans leurs transactions financières. Et il ne fait aucun doute que, lorsqu'ils se souviennent de ne pas prendre la vie trop au sérieux, ils peuvent être aussi charmants qu'ils sont honnêtes.

«Prudence»

NEUF de VIERGE

Du 2 au 11 septembre	(de 10° à 19°59' de ♍)

Potentiel : NEUF	Fréquence : VÉNUS
(fiabilité)	*(productivité)*

Caractéristique de base : TERRE
(sens pratique)

L'indépendance, l'intuition, la créativité intellectuelle et le charme personnel instinctif sont les principaux éléments de cette personnalité. Le conflit se situe entre le désir de réalisations pratiques et une propension à l'indolence.

Du côté positif

Les NEUF de Vierge sont créatifs et imaginatifs et doués d'une intuition subtile, de sens pratique et de la volonté de donner une forme concrète à leurs rêves. Ils ont beaucoup d'attrait personnel et une grande attirance pour les plaisirs physiques. Portés aux extrêmes, ils passent d'une activité intense à une léthargie tout aussi intense; ou ils travaillent fort, ou ils ne font absolument rien. Ils sont très sensibles, réagissent rapidement aux changements de circonstances, mais ils sont aussi très indépendants et perspicaces. Ils ont du talent pour l'administration et l'organisation et une compréhension instinctive et subtile des besoins et des désirs des autres. Ils sont émotifs, affectueux et loyaux.

Du côté négatif

Normalement situés tous les deux du côté négatif du champ, le potentiel NEUF et la fréquence de Vénus ont tendance à intensifier l'expression négative de ces personnes. Lorsqu'ils sont négatifs, les natifs de ce signe sont paresseux, manquent d'ambition et sont portés à l'indolence. Ils utilisent leur intuition pour sauter aux conclusions, dans un effort pour éviter de travailler, et ils se servent de leur compréhension des gens pour obtenir ce qu'ils veulent, peu importent les conséquences. Négatifs, les NEUF de Vierge sont susceptibles d'être instables, colériques, malheureux, de gaspiller, avec une détermination étrange et presque tragique, leur compétence et leur charme. Ils deviennent envieux et jaloux et sont susceptibles de perdre leur sens des responsabilités morales.

L'équilibre

Une maîtrise de soi générale et une activité régulière et disciplinée sont d'excellents facteurs équilibreurs pour les NEUF de Vierge. Même si l'intuition doit être encouragée et développée, il est désirable et nécessaire d'en user avec discernement; elle doit être un outil de travail pratique et non une gâterie émotionnelle. Dans cette personnalité, les désirs et les émotions sont très puissants et ont besoin d'être tenus en laisse et maîtrisés fermement. C'est ainsi qu'elle pourra se montrer positive et canaliser ses forces créatives dans des champs d'activité constructifs.

Commentaire

Lorsqu'il est question de n'importe quel cycle de la fréquence de Vénus, tout commentaire basé sur un point de vue purement logique ne peut être qu'insatisfaisant. La fréquence de Vénus elle-même est une force émotive, féminine, instable, difficile à maîtriser et à utiliser de façon vraiment constructive. Son meilleur atout est son charme instinctif, basé sur ce qu'on appelle l'attrait sexuel, qui défie toute analyse. Il ne peut être que senti, jamais compris ni analysé.

Chez les NEUF de Vierge, il semble que cette caractéristique soit très forte et il est intéressant de noter que, bien que cette période ait produit bon nombre de personnes attrayantes, sa liste de célébrités est plus courte que la moyenne. C'est peut-être parce que, dans les symboles de ce cycle, il n'y a absolument aucune suggestion d'ambition ou de désir du pouvoir. Ce que cette personnalité désire, c'est créer, produire, porter fruit d'une façon ou d'une autre. Le nom de la carte est «gain matériel» et l'on a découvert que, lorsqu'ils sont bien équilibrés, les NEUF de Vierge sont susceptibles d'être chanceux en affaires, de faire bonne récolte. Il n'est donc pas surprenant de trouver dans ce cycle J. P. Morgan, un nom qui est presque synonyme de richesse. Toutefois, la fortune n'est pas le seul but de la persévérance créative de ces personnalités. Il y a également, dans la force de la fréquence de Vénus, une intensité qui, liée à la caractéristique de la terre, apporte une grande vitalité aux réalisations de cette personnalité. Grandma Moses est un exemple de cette vitalité; le géant de la littérature Léon Tolstoï en est un autre. Un grand nombre des NEUF de Vierge ont tendance à prendre profondément à coeur les problèmes de l'humanité. C'est cette attention aux détails qui a permis aux grands acteurs comiques Peter Sellers et Sid Caesar de personnifier aussi fidèlement les étranges faiblesses de leurs semblables. Un grand nombre des NEUF de Vierge éprouvent le même sentiment mais, ne trouvant pas de moyen de l'exprimer, l'enfouissent en eux-mêmes et le transforment en une espèce de paresse émotionnelle. Il semble que trouver un moyen d'utiliser l'intensité créative de leur nature soit le plus important problème des NEUF de Vierge. David Seabury, auteur et psychologue qui traite principalement des problèmes des êtres humains, est né au cours de ce cycle.

En plus de la force créative, on trouve, dans cette personnalité, une grande impatience pour les choses superficielles et le désir d'une base solide dans la vie. En général, les NEUF de Vierge sont pantouflards et affectueux, et ils sont le plus heureux lorsqu'ils mènent une vie normale, occupée, domestique. Bien qu'ils puissent être hautement sophistiqués, il y a, dans leur structure, un trait primitif qui aspire aux choses simples plutôt qu'aux complications de la civilisation moderne. Peut-être plus que n'importe quel autre natif de ce signe, les NEUF de Vierge ont besoin de vivre près de la nature plutôt que dans des villes.

«Gain matériel»

DIX de VIERGE

Du 12 au 22 septembre   (de 20° à 29°59' de ♍)

Potentiel : DIX   Fréquence : MERCURE
(persévérance)   *(sagacité)*

Caractéristique de base : TERRE
(sens pratique)

La détermination, l'intelligence, l'intégrité et la fiabilité sont les facteurs prédominants de ce caractère. Le conflit se situe entre les rapides réactions de l'esprit et les réactions plus lentes des émotions.

Du côté positif

Cette personnalité est douée d'une grande force et de grandes capacités. La persévérance inébranlable du potentiel DIX, combinée à la logique et à l'intelligence de la fréquence de Mercure et associée au sens pratique du champ de la Terre, suggère une grande capacité de réalisation. Les DIX de Vierge sont naturellement extrovertis; ils pensent objectivement. Leurs actions visent toujours un but ou un résultat concret. Ils ont un esprit analytique et perspicace; leur activité intellectuelle est empreinte d'une sagacité instinctive, d'une sensibilité mentale qui leur assure un certain discernement. Ce sont des travailleurs méticuleux, acharnés, toujours réalistes, et leur préoccupation naturelle est d'établir leur vie sur une base solide. Ils aspirent à la sécurité, à l'ordre et à la droiture dans toutes leurs actions et leurs relations.

Du côté négatif

Ils sont froids et égoïstes, préoccupés par leurs ambitions personnelles, à l'exclusion de toute autre chose. Ils ne voient rien d'autre dans la vie que l'unique objectif de la réussite sur le plan matériel, de l'accumulation des biens et de l'assurance de la sécurité. Ils sont sans cœur, parfois cruels, très critiques des autres, impatients et impitoyables. Leur sensibilité se transforme en hypersensibilité et en irritabilité. Lorsqu'ils sont négatifs, les DIX de Vierge peuvent être complètement malheureux et portés à détruire le bonheur des autres. Leurs émotions leur causent des problèmes car, ne s'exprimant pas librement, ils ont tendance à étouffer leur vitalité et leur activité.

L'équilibre

Le discernement est une bonne mesure de protection contre le négativisme. En présence de la fréquence de Mercure, l'intelligence est toujours un outil plus fiable que l'intuition ou les émotions. En outre, les DIX de Vierge sont plus heureux et meilleurs lorsqu'ils ne se concentrent pas trop intensément sur les problèmes pratiques. Lorsqu'ils sont négatifs, ils s'inquiètent, deviennent excessivement pessimistes et craignent de perdre ce qu'ils ont. Toutefois, si la logique et la clarté d'esprit sont maintenues en ascendance, les émotions garderont leur place appropriée dans l'ensemble et rendront possibles le bonheur personnel et les réalisations pratiques.

Commentaire

On trouve, sur la liste des célébrités des DIX de Vierge, deux fois plus de noms que sur celle des NEUF, peut-être parce que la fréquence de Mercure est un atout utile dans la lutte pour des positions d'importance. Le cycle de pointe de la célébrité, le SIX de Verseau, a aussi une fréquence de Mercure, ce qui tend à soutenir la croyance selon laquelle l'intelligence est le premier facteur des grandes réalisations. Dans tous les systèmes symboliques, Mercure est l'emblème de l'esprit et de l'intellect, et l'exactitude de ses diverses positions dans la Formule est confirmée par des listes des personnes nées au cours de ces cycles. Il s'agit, dans tous les cas, de personnes intelligentes et, souvent aussi, à la fois célèbres et puissantes.

On trouve plusieurs personnages remarquables sur la liste des DIX de Vierge. Les écrivains H. G. Wells, John Knowles, William Golding et Ben Kesey. L'acteur Peter Falk, de même que des actrices fascinantes telles que Anne Bancroft, Greta Garbo, Sophia Loren et Lauren Bacall. Agnes de Mille, chorégraphe, est également sur la liste, de même que Samuel Johnson, auteur anglais, critique et premier lexicographe de la langue anglaise, qui a prêté son nom à une époque de la littérature; et Ellsworth Huntington, de Yale, auteur de *Season of Birth* (les Saisons et la Naissance), le premier homme à démontrer scientifiquement l'importance de la date de naissance.

Au cours d'analyse et d'expériences personnelles, on a découvert que le conflit psychologique des DIX de Vierge est considérable. Il peut provoquer un déséquilibre nerveux et des troubles de perception de la réalité. Lorsque les forces mentales dominent dans une personnalité réaliste, les forces émotionnelles sont nécessairement rétrogrades, et l'on sait que ce sont habituellement les forces opprimées qui sont incontrôlables et qui causent des problèmes. Chez ces personnes, la tendance à l'irritabilité et à la colère, résultant de l'isolement ou du refoulement des émotions, peut être facilement maîtrisée une fois que sa cause a été identifiée.

«Richesse»

Lorsque les émotions simples que sont l'amour et la bienveillance sont encouragées à s'exprimer librement par des paroles, des actions et des gestes, les DIX de Vierge donnent et reçoivent un bonheur beaucoup plus grand dans toutes leurs relations interpersonnelles. Non seulement dans leur vie personnelle, mais aussi dans le domaine pratique des problèmes professionnels, ils trouvent utile de se libérer des tensions et des pressions. Ils semblent extrêmement critiques d'eux-mêmes, de même que des autres; ils ont tendance à s'éclipser, pendant des périodes trop prolongées, sans s'arrêter pour se détendre. Un simple coup d'oeil sur les réalisations de ce cycle, sur les noms énumérés ci-dessus, convaincra les DIX de Vierge que, dans leur cas, l'atteinte de l'équilibre vaut certainement les efforts qu'elle nécessite.

LA JUSTICE

LA BALANCE
(Du 23 septembre au 22 octobre)

Cette clé ne porte aucune menace de péché ou de punition, malgré l'épée et la balance que tient fermement la dame assise sur son trône. Contrairement à la plupart des autres représentations de la Justice, elle n'a pas les yeux bandés. Elle porte plutôt une couronne incrustée de bijoux et une robe aux riches couleurs rouge et vert. Son message s'exprime en un seul mot : *équilibre*. Elle est le symbole de l'assurance et de l'équilibre personnels, particulièrement face aux problèmes qui exigent une décision rapide. Elle vous demande d'être certain de bien comprendre les *deux* côtés de tout conflit et *tous* les aspects de n'importe quelle situation complexe, avant de prendre une décision et de passer à l'action. Les deux piliers qui l'encadrent symbolisent la *sévérité* et l'*indulgence*. Elle souligne, en VOUS, la nécessité de l'équilibre pour la réalisation d'un succès et d'un bonheur continus.

DEUX de BALANCE

Du 23 septembre au 2 octobre   (de 0° à 9°59' de ♎)

Potentiel : DEUX   Fréquence : LUNE
(initiative)   *(adaptabilité)*

Caractéristique de base : AIR
(intellectualité)

Un esprit flexible, l'intuition, l'adaptabilité et la compréhension de la nature humaine sont les qualités fondamentales de cette nature. Le conflit se situe entre le désir de suivre les suggestions de l'intuition et la tendance à céder aux opinions extérieures.

Du côté positif

Cette personnalité est douée d'une vision claire, de réactions mentales rapides et d'une compréhension intuitive des gens et des situations. Les DEUX de Balance ont de l'assurance, mais ils sont flexibles et malléables. Ils sont calmes, froids et indépendants, mais affectueux et fidèles aux liens familiaux. Doués d'un sens aigu de la publicité, ils savent ce que les gens veulent et comment le leur donner. Ils ont une excellente mémoire et beaucoup de talent créatif. Ils s'adaptent facilement et gracieusement aux changements extrêmes de circonstances et de conditions. Pacifistes nés, ils détestent les querelles de toutes sortes et sont capables de créer autour d'eux une atmosphère de bonheur et de contentement. Ils sont très généreux, sympathiques et empressés de répondre aux émotions.

Du côté négatif

Nerveux, instables, incertains de leurs objectifs, ils suivent leurs intuitions sans s'arrêter pour décider si elles sont bonnes ou mauvaises. Ils souffrent sérieusement d'indécision et sont incapables de se faire une opinion sur quoi que ce soit. Ils se laissent influencer trop facilement par les personnes de nature plus positive, et ils n'arrivent pas à établir et à suivre leurs propres normes de conduite. Ils entreprennent toutes sortes de projets qu'ils ne finissent pas; négatifs, les DEUX de Balance n'ont pas la force de concrétisation nécessaire pour mener des entreprises à terme. Ils ont tendance à errer, comme un navire sans gouvernail; ils remettent tout au lendemain, hésitent et doutent de leurs propres talents. Lorsqu'ils sont négatifs, ils souffrent d'une insatisfaction intense et vague.

L'équilibre

L'aveu et la compréhension de leurs doutes intérieurs est la première étape vers l'équilibre pour les DEUX de Balance. Le développement de l'indépendance mentale est la tâche la plus importante de leur vie : ils doivent apprendre à ne pas se laisser manipuler par les opinions des autres et à prendre sans hésitation les décisions que leur dicte leur intuition. L'activité et le changement, même dans les choses secondaires, sont un bon remède pour n'importe quelle fréquence de la Lune et plus particulièrement pour celle-ci. Il n'est jamais indiqué, pour les DEUX de Balance, de s'adonner à une autodiscipline sévère, au remords, ni à des efforts excessifs concentrés sur une seule ligne d'action. Ils atteignent un meilleur équilibre en cédant à leur intuition et à leur énergie.

Commentaire

Nous avons peut-être ici la personnalité la plus malléable de toutes, en ce sens que les DEUX de Balance sont plus rapidement réceptifs aux idées, aux émotions et aux sensations intangibles que la plupart des gens. Leur intuition est si pénétrante qu'elle devient presque un sixième sens, et leur mémoire est tellement efficace que les mauvais souvenirs risquent, chez eux, de garder toute leur intensité, longtemps après qu'ils auraient dû être oubliés.

Ils oscillent, comme des pendules, d'un extrême à l'autre, et bien qu'ils aspirent passionnément à la paix et à l'équilibre dans leur vie, ils les trouvent difficiles à atteindre. L'équilibre du DEUX de Balance est très délicat : comme la balance d'un bijoutier, un grain de sable suffit à le faire pencher d'un côté ou de l'autre. Et, étrangement, alors même que le DEUX de Balance trouve difficile de prendre une décision, il devient incroyablement entêté une fois décidé. On dirait presque qu'il a deux personnalités : l'une, trop malléable, l'autre, dure et inébranlable. Et il passe souvent de l'une à l'autre avec une rapidité déconcertante.

L'intuition étant un facteur particulièrement remarquable dans cette personnalité, il est intéressant de noter que, sur la liste des personnages célèbres de ce cycle, figure J. B. Rhine, de l'Université Duke, dont les recherches sur la perception extrasensorielle et sur la télépathie ont soulevé l'intérêt public à l'échelle mondiale. Trois mystiques célèbres se trouvent également sur la liste : Annie Besant, théosophe; Nicholas Roerich, peintre des dieux et des esprits tibétains; et Cyril Scott, compositeur et auteur d'ouvrages sur la signification occulte de la musique, Mahatma Gandhi, religieux et chef de file indien, est également né au cours de ce cycle. Groucho Marx est un DEUX de Balance; Al Capp en est un autre. Vladimir Horowitz, célèbre pianiste classique, et Marc Edmond Jones, astrologue, s'ajoutent à la liste. Chez les écrivains, on remarque F. Scott Fitzgerald, Graham Greene et William Faulkner.

Le document du tarot consacre plus d'espace que d'habitude à ces personnalités et le point principal qu'il soulève est leur instabilité fondamentale. Il dit, en partie : «Caractères contradictoires dans la même nature; vérité et mensonge; chagrin et sympathie; parfois égoïste et parfois altruiste».

Cela suggère que, pour ces personnes, plus que pour n'importe qui d'autre, l'équilibre des facteurs personnels est essentiel au bonheur et au succès dans la vie. On a trouvé qu'une intense concentration sur un seul sujet, un seul objectif ou un seul mode de vie n'est pas la meilleure ligne de conduite pour les DEUX de Balance. Ils semblent avoir un besoin impérieux de changement et de variété, comme une fleur a besoin de soleil, et lorsque ce besoin n'est pas satisfait, ils sont susceptibles de se lancer dans des formes d'évasion extrêmes : abus des plaisirs, surtout de la nourriture et de l'alcool, ou évasions mentales dans le monde

«Paix retrouvée»

psychique et surnaturel. Ce dernier type d'évasion est particulièrement destructeur pour les DEUX de Balance, à cause de leur grande sensibilité aux impressions subtiles ou imaginaires.

Lorsqu'ils sont équilibrés, les DEUX de Balance sont extrêmement charmants et très populaires, à cause de leur sympathie et de leurs réactions empressées, et l'on discerne, dans leur nature, la délicatesse généralement attribuée à la fréquence de la Lune et au potentiel DEUX. Ils sont particulièrement bien outillés pour réunir harmonieusement les gens et pour interpréter les idées en vue de leur vulgarisation.

TROIS de BALANCE

Du 3 au 12 octobre   (de 10° à 19°59' de ♎)

Potentiel : TROIS	Fréquence : SATURNE
(détermination)	*(intensité)*

Caractéristique de base : AIR
(intellectualité)

La persévérance, la fiabilité, le sérieux et la force constructive sont les piliers de ce caractère. Il n'y a presque pas de conflit et, lorsqu'il s'en trouve, il émane de l'intensité extrêmement positive de cette nature.

Du côté positif

Dans ce caractère, la force, l'intégrité et le pouvoir sont combinés à une profonde compréhension de la souffrance humaine. Les TROIS de Balance sont animés du désir passionné de soulager la souffrance et d'améliorer la condition humaine, peu importe le champ de leurs activités : le foyer, le bureau, la communauté, la nation. Ils possèdent de bonnes compétences administratives; ce sont des travailleurs entreprenants, constructifs, infatigables. Ils ne restent jamais oisifs; ils travaillent toujours à quelque objectif, de l'enfance jusqu'à un âge avancé. Ils ont une vitalité incroyable, beaucoup de résistance et un pouvoir de récupération remarquable. Lorsqu'ils sont positifs, leur tolérance face aux faiblesses des autres est aussi illimitée que leur propre force. Ce sont des humanistes nés.

Du côté négatif

Ils sont fanatiques, tellement imbus de leurs propres théories particulières sur le progrès que personne d'autre ne peut avoir raison sur quoi que ce soit. Lorsqu'ils sont négatifs, leur détermination risque de suivre un cours destructeur, avec toute la persévérance de leur puissante nature, si dynamique et si constructive lorsqu'elle est positive. Lorsqu'ils sont négatifs, les TROIS de Balance peuvent créer toutes sortes de problèmes pour eux-mêmes et pour leur entourage. Imperturbables face aux opinions des autres, ils font la sourde oreille aux suggestions et aux critiques. Ils deviennent critiques, bourrus et cruels et en souffrent eux-mêmes intensément. Ils sont dogmatiques et prétentieux, déterminés à imposer leur volonté à tous ceux qui font partie de leur sphère d'influence.

L'équilibre
Pour toutes les fréquences de Saturne, surtout pour celles qui sont associées au potentiel TROIS, dont les forces sont similaires, la meilleure et la seule clé de l'équilibre est le sens de l'humour. Le rire est le facteur équilibreur qui permet de relâcher et de détendre l'intensité extraordinaire de cette personnalité. La profonde sympathie humaine qui dort dans le coeur des TROIS de Balance peut suivre son cours naturel lorsqu'elle est équilibrée par le rire et l'humour. Et lorsque l'équilibre est atteint, toute la grandeur de ce caractère peut rayonner. Ils ont également besoin d'utiliser leurs forces intellectuelles naturellement positives et de cultiver l'art de la pensée logique, afin d'éviter d'être entraînés par des impulsions ou des idées fanatiques.

Commentaire
La force extraordinaire de cette personnalité n'inclut pas le feu de l'ambition, et l'expérience a démontré que certains de ses exemples les plus intéressants sont des gens dont le monde n'entendra jamais parler, puisqu'ils s'activent en coulisses plutôt que sous les projecteurs. Et l'intensité même des TROIS de Balance est susceptible de lui nuire par son excès de sérieux, qui a tendance à se retourner contre soi et à étouffer son propre moteur.

Toutefois, il apparaît sur la liste des noms de personnes à qui le portrait convient. Niels Bohr, physicien danois et gagnant du prix Nobel; les auteurs Helen MacInnes, Cervantes, Thomas Wolfe et Gore Vidal; Giuseppe Verdi, compositeur d'opéra italien; Thelonious Monk, pianiste-compositeur; Helen Hayes, actrice; Aleister Crowley, occultiste et excentrique; et John Lennon, ex-Beatle et musicien.

Du côté négatif, il existe une force indubitablement destructive dans la nature des TROIS de Balance. Les légendes mythologiques disent de Saturne qu'«il a mangé ses propres enfants», détruisant donc cela même qu'il voulait créer. L'observation de personnes nées au cours de ce cycle positif et fanatique suggère que certaines des tendances attribuées symboliquement à l'ancien dieu ont la particularité de se manifester dans leurs représentants modernes. Par la force de leur intensité, ils semblent repousser ou détruire les choses mêmes qu'ils désirent le plus dans la vie.

Toutefois, les symboles, l'étude de personnes nées au cours de ce cycle et leur approche face à la vie ne donnent pas lieu de douter que l'expression positive de cette personnalité soit une force puissante pour le bien et qu'elle fonctionne spontanément de façon constructive, et non destructive, surtout lorsque les personnes concernées gardent à l'esprit de ne pas prendre la vie trop au sérieux.

«Chagrin»

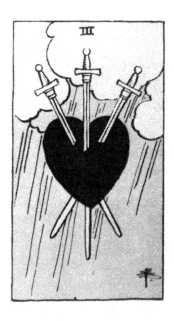

Le document du tarot souligne sans merci leurs points forts et leurs points faibles; il leur attribue, d'une part, «le respect des promesses et l'honnêteté dans les transactions financières» et, d'autre part, il les accuse d'être «des fauteurs de troubles, de souffrances et de larmes et des semeurs de discorde et de conflits». L'expérience a démontré que plus il y a de force du côté positif de cette personnalité puissante, plus grand sera le pouvoir du côté négatif. En outre, il est facile de voir que les

TROIS de Balance sont parmi les personnalités les plus puissantes et les plus fortes du système, pour le meilleur et pour le pire.

QUATRE de BALANCE

Du 13 au 22 octobre   (de 20° à 29°59' de ♎)

Potentiel : QUATRE	Fréquence : JUPITER
(stabilité)	*(stabilité)*

Caractéristique de base : AIR
(intellectualité)

Le sens de la justice, un esprit logique, la fiabilité et la générosité sont les traits fondamentaux de ce caractère. Le conflit est mineur; il se situe entre le désir d'être absolument juste et la tendance instinctive à l'indulgence et à la bonté.

Du côté positif
Les QUATRE de Balance sont ordonnés, conventionnels, respectueux de la discipline et de la tradition, mais leur sens du devoir est agréablement modifié par une profonde appréciation du plaisir et la capacité de jouir de la vie. Ils sont doués d'une maîtrise de soi naturelle, mais ils ont aussi une jovialité de caractère qui leur donne beaucoup de charme personnel. Ce sont les plus fiables de tous les QUATRE : ils finissent tout ce qu'ils entreprennent et leurs normes de perfection sont très élevées. Créatifs et constructifs, leur esprit est clair, logique et analytique et leurs réactions mentales sont rapides et exactes. Ils sont reposants, de compagnie agréable, et ont l'esprit d'équipe. Ils ont de grandes chances d'être populaires et hautement respectés, surtout lorsqu'ils suivent les activités et les principes de vie établis, traditionnels.

Du côté négatif
Ils sont extrêmement critiques, tatillons et difficiles à satisfaire. Lorsqu'ils sont négatifs, ils sont apathiques, égoïstes et orgueilleux, ils s'offensent facilement et acceptent mal les critiques. Très entêtés, étroits d'esprit au point d'être sectaires, ils emploient leur sens de la logique à des chicaneries, ne cédant jamais d'un iota. Lorsqu'ils sont négatifs, leur sens de la justice penche du côté de la sévérité et de la cruauté; toute indulgence disparaît. Les QUATRE de Balance négatifs sont étrangement maussades; fâchés ou ennuyés, ils se réfugient dans le silence et cette répression, dans leur vie, est un facteur de déséquilibre psychologique

et physique. Ils provoquent l'hostilité chez les autres et se soustraient à une vie normale.

L'équilibre

Un point de vue optimiste et intelligent est une sauvegarde mentale pour les QUATRE de Balance. Plus que n'importe qui d'autre, ils sont capables de saisir tous les aspects de n'importe quel sujet et de choisir, s'ils le désirent, le côté positif plutôt que le côté négatif. Pour eux, la logique est une arme beaucoup plus efficace que l'émotion ou l'imagination. En outre, le maintien de la dignité et d'une attitude assurée est nécessaire, en tout temps, à l'équilibre général de ces personnes. Toutefois, l'équilibre, pour les QUATRE de Balance, n'est pas un problème aussi épineux qu'il l'est pour un grand nombre d'autres personnalités. En fait, ils peuvent y parvenir instinctivement.

Commentaire

Si quelqu'un voulait choisir, à partir de la formule du cycle de dix jours, la meilleure personne apte à former, à elle seule, un palais de justice, un QUATRE de Balance équilibré serait le meilleur choix. On trouve, chez les personnes nées au cours de ce cycle, une combinaison intéressante d'honnêteté, de justice, de compréhension humaine et d'habileté à analyser les situations sous tous les angles. Si Diogène, avec sa lanterne, avait découvert un QUATRE de Balance, son histoire aurait peut-être été plus heureuse.

Les deux côtés de cette personnalité, pessimiste et optimiste, sont bien illustrés par deux personnages célèbres nés au cours de ce cycle : Nietzsche, philosophe allemand qui croyait que le succès ne pouvait être atteint que par la cruauté et la discipline, et Bergson, philosophe français, qui prêchait que c'est dans l'étincelante âme humaine, reflétant l'*élan vital* de l'univers, que se trouve le secret du salut de l'humanité. Les deux philosophes étaient très logiques, très objectifs, et extrêmement justes dans leurs recherches. Mais Nietzsche était l'apôtre de la noirceur intellectuelle et Bergson, l'apôtre de la lumière intellectuelle et spirituelle.

Être philosophe semble caractéristique du QUATRE de Balance. Il est rafraîchissant de trouver dans ce cycle des esprits plus gais, tels que P. G. Wodehouse, auteur britannique de récits humoristiques, Art Buchwald et Oscar Wilde. Également sur cette liste : Rimbaud, poète symboliste français; Franz Liszt, compositeur; C. P. Snow, romancier; Arthur Miller, dramaturge; Rita Hayworth, actrice; David Ben-Gurion, chef israélien; D. T. Suzuki, maître bouddhiste; Samuel Taylor Coleridge, poète, et Nicholas Culpepper, herboriste anglais.

Dans la vie quotidienne, les QUATRE de Balance sont des personnes charmantes, tant et aussi longtemps que les autres sont à la hauteur de leurs normes d'excellence, particulièrement élevées. Ils sont animés d'une véritable passion pour l'ordre et la perfection, la symétrie et la beauté, l'harmonie et la paix. Le document du tarot leur attribue «la tranquillité, le repos, l'aisance et la paix». Ils détestent la dissension et les querelles et n'ont que du mépris pour le désordre. Doués d'une perception du temps particulièrement aiguisée, ils évitent la hâte et l'agitation. Leur esprit étant extraordinairement clair, il leur paraît inutile de s'exciter devant les exigences de la vie quotidienne, comme le font habituellement la plupart des gens. Ils additionnent, soustraient et divisent les valeurs, pendant que les autres en sont encore à se poser des questions sur la nature du problème.

Toutefois, malgré la tendance à la philosophie et à la logique, la bienveillance de la fréquence de Jupiter réchauffe et illumine cette personnalité d'un charme sincère qui fait du QUATRE de Balance non seulement une personne utile et de grande valeur, mais aussi un membre de la famille hautement désirable.

«Répit dans la dissension»

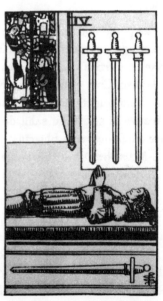

LE PENDU

LE SCORPION
(Du 23 octobre au 22 novembre)

Cette clé *ne* représente *pas* une pendaison! Elle exprime, vigoureuse-
ment, le pouvoir de la pensée personnelle, par opposition à la pensée
populaire conformiste. Le personnage, aux vêtements colorés, est ren-
versé — il a la tête en bas — mais il est parfaitement équilibré, stable,
en sécurité. Autour de sa tête brille la lumière du savoir : l'illumination.
L'arbre vivant d'où il «pend» est le symbole universel de la croissance
et de l'évolution de la vie, de VOTRE vie. La clé a une double signification pour les trois personnalités positives des décans du Scorpion, à savoir
que la liberté de pensée et d'action ne résulte jamais de la violence et
de la guerre mais de la stabilité et de la vision, symbolisées par l'équilibre parfait du Pendu, même à l'envers, et par le halo d'or entourant
sa tête.

CINQ de SCORPION

Du 23 octobre au 1ᵉʳ novembre   (de 0° à 9°59' de ♏)

Potentiel : CINQ   Fréquence : MARS
(activité)   *(activité)*

Caractéristique de base : EAU
(flexibilité)

Cette nature combine l'énergie, la bienveillance, le courage et le pouvoir personnel. Le conflit se situe entre l'émotivité et le bon sens.

Du côté positif
Voici une personnalité débordante de charme, très émotive et affectueuse, douée d'un sens social profond et d'une bienveillance authentique. Les CINQ de Scorpion sont généreux, hospitaliers, tolérants et sympathiques, empressés de redresser les injustices et d'aider les misérables. Infatigables, au travail comme dans les loisirs, ils sont remplis de courage, d'initiative et ont une vive imagination. Ils jouissent pleinement de la vie et aiment partager leurs plaisirs. Continuellement actifs, réceptifs aux idées nouvelles et ouverts aux suggestions, ils ne se sentent en aucune façon limités dans leurs possibilités de réalisation et sont des travailleurs acharnés. On les dit susceptibles d'être populaires et de se faire de nombreux amis.

Du côté négatif
Ils versent dans l'excès dans tous les domaines : travail, loisirs, plaisirs physiques. Passionnés plutôt qu'affectueux, dominateurs plutôt qu'utiles, ils travaillent et font travailler les autres jusqu'à épuisement et créent autour d'eux une atmosphère de tension et de malaise. Ils deviennent fanatiques, surtout sur le plan de l'humanisme, et ils sont susceptibles d'adopter des idées de progrès destructives. Lorsqu'ils sont négatifs, les CINQ de Scorpion manquent de discernement et de maîtrise de soi et ont tendance à gaspiller leur formidable énergie dans des entreprises sans valeur ou des excès de plaisirs. Ils deviennent querelleurs, adoptant toujours le point de vue opposé et se faisant des ennemis plutôt que des amis. Lorsqu'ils sont complètement négatifs, ils peuvent être déloyaux et trompeurs, ingrats et indignes de confiance.

L'équilibre
La maîtrise des émotions, la tempérance et la préservation de l'énergie sont les principaux facteurs d'équilibre des CINQ de Scorpion. Ayant

tendance à passer aux extrêmes de la joie et de la tristesse, de la bonté et de la cruauté, ce n'est que par la maîtrise de soi et par l'exercice constant du discernement qu'ils peuvent conserver leur équilibre centriste et rester dans le droit chemin tout au long de leur vie. Ils ont besoin de surveiller étroitement leurs tendances destructives et de développer plutôt leur bonté et leur indulgence innées. Il est très difficile pour un CINQ de Scorpion de rester objectif, de dissocier sa pensée de ses émotions et de ses désirs. Toutefois, développer une telle objectivité est le meilleur moyen, dans son cas, pour atteindre l'équilibre, le bonheur et le succès.

Commentaire
L'énergie et la force de la fréquence de Mars doublent l'activité positive du potentiel CINQ, produisant, dans ce cas-ci, une personnalité décidément vigoureuse. On a découvert que les CINQ de Scorpion pouvaient travailler plus longtemps et avaient besoin de moins d'heures de sommeil que les natifs de n'importe quel autre signe du tarot. Dans la mythologie ancienne, Mars était le dieu de la guerre et est encore associé aujourd'hui aux notions de lutte, de colère et de dissension. Toutefois, une étude attentive des symboles, de même que des personnes nées au cours de cycles marqués par la fréquence de Mars, suggère que, sur le plan psychologique, la force symbolisée par Mars représente le désir d'améliorer les choses, même au prix d'une destruction considérable. Il n'est donc pas étonnant de trouver, au nombre des célébrités nées au cours de ce cycle, des réformateurs fanatiques, des fonceurs et des travailleurs inlassables.

Le président Theodore Roosevelt, alias *Big Stick* (Gros Bâton) en est un exemple intéressant, de même que Dylan Thomas, génie fougueux et autodestructeur. Jonas Salk est un CINQ de Scorpion, de même que Pablo Picasso, Tchang Kaï-Chek, le philosophe Érasme, le violoniste Niccolo Paganini et l'amiral Richard E. Byrd, conquérant des terres glaciales à l'abandon dans l'Arctique. Tous sont représentatifs du pouvoir et de la force énergique de cette période.

Toutefois, le CINQ de Scorpion est l'un des rares cycles dont le titre et l'illustration constituent une mise en garde. «Victime du plaisir» est le nom de la carte du tarot, dont la description réitère l'avertissement, en accentuant particulièrement le côté négatif de la personnalité. La raison de tout ceci semble être que, à cause de leur tendance générale aux excès, les CINQ de Scorpion sont susceptibles de diminuer leurs possibilités de succès et de bonheur. Les coupes renversées, dans l'illustration, *ne* sont *pas* une mise en garde contre la consommation de vin; elles sont le symbole de la déception résultant d'un mauvais emploi et d'un manque de maîtrise de l'énergie, au travail ou dans les loisirs, dans la lutte contre le mal ou dans l'apathie émotionnelle, dans la création ou dans la destruction. Il est assez clair que les bonnes vieilles vertus de tempérance et de maîtrise de soi sont essentielles au bien-être du CINQ de Scorpion.

L'étude et l'analyse de la personnalité ont dévoilé un facteur émotif puissant chez ces personnes, ce qui leur occasionne parfois des problèmes d'adaptation aux réalités de la vie. La force de leurs émotions est telle qu'elles oublient de penser; leurs désirs sont si intenses qu'elles négligent de faire preuve de discernement dans la poursuite de leurs impulsions. Peut-être est-ce parce qu'elles souffrent si profondément lorsqu'elles sont déséquilibrées que le document du tarot souligne leurs points faibles plutôt que leurs points forts, car il ne fait aucun doute que cette personnalité possède la force et le pouvoir. Son don le plus précieux est celui qu'un psychologue américain place au sommet de la liste des qualités humaines désirables : la capacité d'être simplement «une personne ordinaire».

«Victime du plaisir»

SIX de SCORPION

Du 2 au 12 novembre   (de 10° au 19°59' de ♏)

Potentiel : SIX   Fréquence : SOLEIL
(ambition)   *(ambition)*

Caractéristique de base : EAU
(flexibilité)

Le charisme, le sens du spectacle, la créativité et l'endurance sont les principaux facteurs de cette nature. Le conflit se situe entre le désir de succès personnel et une générosité et une bonté de coeur innées.

Du côté positif

Nous avons ici une forte personnalité, laquelle possède un grand pouvoir d'attraction et un large éventail de possibilités de succès. Le leadership vient tout naturellement au SIX de Scorpion; ils «prennent le plancher» chaque fois qu'ils en ont l'occasion, comme s'il leur revenait par droit divin, et l'occupent avec succès, popularité et charme. Ils combinent leur volonté indomptable à des manières délicates. Sachant conquérir subtilement et inévitablement, ils possèdent l'habileté innée d'obtenir ce qu'ils veulent. Ils sont de nature généreuse, empressés de partager et de donner, ainsi que chaleureux et passionnés dans leurs affections. Très hospitaliers, et doués d'un appétit vorace pour le plaisir et la jouissance, ils travaillent et s'amusent avec le même enthousiasme et la même ardeur, semant sur leur passage l'admiration, l'amitié et l'amour. Ils portent en eux les germes du succès.

Du côté négatif

Orgueilleux, intolérants et dominateurs, ils sont cruels, irrespectueux, impitoyables, et n'ont aucun égard pour les sentiments ou les souffrances des autres. Leur unique désir est de réussir, de prendre possession de ce qu'ils veulent ou de mener les choses à leur guise en imposant leur volonté aux autres, et ce désir est si intense qu'il surpasse tout le reste, y compris la bonté et la justice. Le SIX de Scorpion négatif est un jouisseur dont le seul objectif dans la vie est sa gratification personnelle. Il peut s'agir de pouvoir, de plaisirs physiques, de richesse ou de biens matériels, mais peu importe la forme que cela prend, c'est une force agissante d'une incroyable énergie, si bien qu'il est presque impossible d'influencer ou de changer un SIX de Scorpion négatif. Ce dernier reste, en effet, insensible aux suggestions et aux supplications et peut devenir un ennemi formidable.

L'équilibre

Le développement et la pratique constante de la générosité et de la bienveillance sont les meilleurs facteurs d'équilibre dans la structure des SIX de Scorpion. L'affection et l'amour étant des traits dominants dans cette nature, leur personnalité entière, avec son potentiel de force et de pouvoir, est automatiquement équilibrée lorsqu'ils suivent leur tendance naturelle vers la bonté. À cause de leur désir d'être le centre d'attraction, les SIX de Scorpion risquent souvent d'excéder les limites de la justice envers les autres. Par contre, lorsqu'ils sont équilibrés, ils se rendent compte que leurs forces d'attraction s'intensifient lorsqu'ils sont bons, tolérants et bienveillants. Un SIX de Scorpion équilibré est délicat, de cette délicatesse qui n'appartient qu'aux personnes fortes.

Commentaire

Ce cycle se trouve à la pointe de la troisième vague de l'année solaire. De toutes les périodes de pointe — les SIX — celle-ci semble contenir la plus grande créativité et le charme le plus séduisant. On peut attribuer ce fait à la flexibilité et à la délicatesse de la caractéristique de l'Eau, dont la féminité ou la réceptivité équilibre ici la force doublement masculine, ou positive, de la fréquence du Soleil et du potentiel SIX.

Les personnes célèbres dont les noms figurent sur la liste de ce cycle apportent leur propre témoignage. Nous trouvons ici Martin Luther, dont la détermination a diminué l'influence de l'Église catholique romaine et mené à la fondation d'une nouvelle forme de religion; Feodor Dostoïevski, auteur de romans étrangement passionnés et sombres, caractérisés par des perceptions psychologiques profondes et une préoccupation morbide pour la culpabilité, le crime et le châtiment; Mme Marie Curie, physicienne, chimiste et détentrice de deux prix Nobel, à qui ses réserves d'énergie secrètes ont permis de persévérer dans ses recherches, parmi des tonnes de minerai, d'une mystérieuse substance radioactive appelée uranium; Paracelse, physicien et alchimiste, qui a parcouru le monde, en quête des secrets perdus de la guérison; Leon Trostski, chef révolutionnaire russe; le général George Patton, chef militaire durant la Seconde Guerre mondiale, aujourd'hui légendaire; Billy Graham, évangéliste; Albert Camus, Kurt Vonnegut Jr. et Ivan Turgenev, romanciers qui ont fortement influencé la jeunesse de leur époque respective; les actrices Katharine Hepburn et Hedy Lamarr; Auguste Rodin, sculpteur, qui a élevé le physique au divin; Will Rogers et Jonathan Winters, deux comédiens remarquables.

Le principal problème du SIX de Scorpion, quel que soit le domaine de la vie, est de réussir à s'entendre avec les autres, surtout si ceux-ci s'adonnent à prendre temporairement le volant. Le SIX de Scorpion moyen ne se soumet pas volontiers à l'autorité et à la discipline, même lorsqu'il n'a pas d'autre choix. Et lorsque cette personnalité se révolte, la vigueur et l'enthousiasme qu'elle déploie sont aussi intenses que lorsqu'elle les emploie pour produire le genre de succès remarquable qu'ont atteint les membres du tableau d'honneur de ce cycle. En d'autres termes, un SIX de Scorpion négatif est, en tout temps, un dur à cuire.

En revanche, il n'y a pas, dans aucun autre cycle de l'année, de personnalité plus charmante qu'un SIX de Scorpion équilibré, c'est-à-dire qui fonctionne du côté positif de sa nature. Les possibilités de bonheur et de succès, dans cette période de pointe de la troisième vague d'énergie solaire de l'année, sont si grandes que si l'on pouvait choisir sa date de naissance, cette période serait un choix heureux.

«Plaisir»

SEPT de SCORPION

Du 13 au 22 novembre	(de 20° à 29°59' de ♏)

Potentiel : SEPT	Fréquence : VÉNUS
(polyvalence)	*(productivité)*

Caractéristique de base : EAU
(flexibilité)

Le charme personnel instinctif, la créativité, l'adaptabilité et la détermination sont les facteurs sous-jacents de cette personnalité. Le conflit se situe entre le désir positif de créer et une indolence négative — le désir du plaisir.

Du côté positif

La splendeur n'est pas étrangère à cette personnalité. Ses possibilités d'épanouissement, très diverses, englobent presque tous les domaines de la créativité. Les SEPT de Scorpion positifs apprennent facilement et absorbent les idées nouvelles avec intensité et rapidité. Leur charme personnel est si grand qu'il leur confère le pouvoir d'influencer les autres sans effort apparent, en plus d'attirer l'affection et l'amour partout où ils passent. Ils éprouvent beaucoup de sympathie pour ceux qui souffrent et ils sont doués d'une compréhension instinctive des émotions et des désirs humains. Leur force est subtile; leur flexibilité leur donne de la souplesse; leur magnétisme personnel est une force d'attraction puissante. Ils ont une résistance à toute épreuve et un pouvoir de récupération extraordinaire. Ils sont affectueux; ils aiment et désirent être aimés passionnément.

Du côté négatif

Ils souffrent d'illusions et croient à des choses irréelles. Ils rejettent toute idée de formation et de technique, d'apprentissage et de discipline. Leur polyvalence se transforme en versatilité; ils ne se concentrent pas assez longtemps sur un travail pour le comprendre ou le mener à terme. Les SEPT de Scorpion négatifs sont paresseux, apathiques et trompeurs. Se fiant sur les efforts des autres plutôt que sur les leurs, ils fuient les responsabilités et les décisions. Ils manquent d'initiative et de courage, manquent à leurs engagements et à leurs promesses. Négatifs, les SEPT de Scorpion perdent leur sens de la justice et leur sens moral; ils deviennent égoïstes et irresponsables dans leur approche face à la vie.

L'équilibre

Des activités créatives, l'autodiscipline et le maintien constant d'idéaux de comportement et de réussites nobles sont les secrets de l'équilibre de la personnalité à multiples facettes des SEPT de Scorpion. L'oisiveté, l'apathie et la paresse intellectuelle sont les principales tentations auxquelles ils doivent résister, et la méthode qui donne les meilleurs résultats, dans leur cas, est de s'astreindre à des efforts volontaires quotidiens en vue d'un objectif précis, peu importe qu'il soit grand ou petit, mental ou physique. Les SEPT de Scorpion ont besoin de tempérance plutôt que de restriction, de maîtrise des émotions et des désirs, plutôt que d'interdictions et d'ascétisme. Pour le SEPT de Scorpion, l'équilibre n'est pas facile à atteindre, mais il est essentiel à son bien-être et à son succès dans la vie.

Commentaire

Le mot que l'on associe le plus souvent au nombre sept, dans les écrits symboliques, est *pouvoir*. Dans ce cycle, la combinaison du potentiel SEPT et de la fréquence de Vénus (numéro sept) double la force des deux facteurs, dont l'un ou l'autre suffit, à lui seul, à assurer à la personne concernée la caractéristique personnelle d'un pouvoir considérable. On a découvert, dans tous les cycles, que les potentiels SEPT et les fréquences de Vénus exigent l'autodiscipline et la maîtrise de soi comme première réalisation essentielle. Le document du tarot décrit le SEPT comme «une force transcendant le plan matériel, comme une couronne, mais exigeant qu'on soit en mesure de la porter», ce qui semblerait indiquer, à en juger par l'analyse et l'étude de cette personnalité dans la pratique, que cette nature survoltée tient du tigre domestiqué. Son propriétaire doit l'apprivoiser ou mourir entre ses pattes. Être un SEPT de Scorpion accompli n'est pas de tout repos; les tigres ne sont pas des animaux faciles à dompter ni à maîtriser.

Toutefois, on peut y arriver, comme en témoignent les célébrités dont les noms figurent au tableau de ce décan. Leur vaste gamme d'intérêts est particulièrement remarquable, à la lumière de la polyvalence caractéristique de ce cycle. Robert Louis Stevenson, écrivain dont l'imagination a contribué à enrichir l'enfance d'à peu près tout le monde; Claude Monet, impressionniste français, peintre de la lumière et de la couleur; Israel Regardie, occultiste; André Gide, écrivain français, détenteur du prix Nobel; Eugene Ormandy, chef d'orchestre américain; Oliver Goldsmith, merveilleux dramaturge britannique du XVIIIe siècle; Indira Gandhi, première ministre de l'Inde; Voltaire, philosophe, historien, poète, dramaturge et sceptique du XVIIIe siècle; Erwin Rommel, général allemand, alias le «renard du désert»; et Sir William Herschel, astronome anglais, découvreur de la planète Uranus.

Le point faible de cette nature est sa réceptivité empressée et son manque d'esprit analytique et critique. La faculté intuitive des SEPT de Scorpion est très active; ces derniers ont tendance à avoir et à suivre des intuitions. Mais le problème, ici, c'est que leurs désirs personnels sont susceptibles d'être si intenses qu'ils dévient automatiquement la supposée intuition dans la direction la plus agréable à ce moment particulier. En général, l'échec d'une personnalité SEPT est attribuable à son refus de recourir au bon sens et de tirer profit d'expériences douloureuses. L'attrait qu'exerce l'illusoire sur la nature des SEPT de Scorpion leur vaut assez souvent de confondre le rêve et la réalité dans leur choix d'objectifs.

Toutefois, on remarquera également que, la plupart du temps, peu importe ce que ces personnes font ou ne font pas, elles sont aimées de beaucoup, parce que leur nature affectueuse est si intense qu'elle agit comme un aimant, recevant et distribuant à profusion l'amour et l'amitié. Et une fois qu'un SEPT de Scorpion a arrêté son choix sur un objectif, et qu'il y adhère, il n'y a à peu près rien, à l'intérieur — et parfois même à l'extérieur! — des limites du possible, qui soit au-delà de ses capacités de réalisation.

«Succès illusoire»

LA TEMPÉRANCE

LE SAGITTAIRE
(Du 23 novembre au 21 décembre)

Le nom de cette clé n'a aucun rapport avec la signification moderne : prohibition. Bien au contraire. Elle réfère à sa racine latine : *tempero*, c'est-à-dire raffiner, harmoniser, affûter ses facteurs personnels, pour un meilleur usage et une meilleure performance. L'illustration indique clairement que vous avez, en tout temps, un «ange gardien» en vous, prêt à vous guider au moyen de quatre grandes forces : le Feu (soleil), l'Eau (coulant d'une coupe d'or à l'autre), l'Air (les fleurs qui poussent) et la Terre, où l'ange gardien s'assure de garder un pied bien planté, pour conserver son équilibre. Tout ceci suggère que les quatre principaux outils (ou armes) naturels de l'homme sont à portée de la main, et essentiels aux personnalités dynamiques des natifs des décans du Sagittaire. Cette prescription contient également des instructions vous enjoignant d'utiliser ces pouvoirs de façon constructive en tout temps, en harmonie avec l'attitude et le geste du personnage ailé, VOTRE ange.

HUIT de SAGITTAIRE

Du 23 novembre au 2 décembre   (de 0° à 9°59' de ♐)

Potentiel : HUIT   Fréquence : MERCURE
(sagacité)   *(sagacité)*

Caractéristique de base : FEU
(énergie dynamique)

Une intelligence subtile, du discernement, des réactions vives et l'objectivité sont les principaux facteurs de cette nature. Le conflit se situe entre l'impétuosité et la prévoyance logique.

Du côté positif
Les HUIT de Sagittaire ont l'esprit clair, rapide et pratique. Leur intelligence et leur dextérité sont à la fois mentales et physiques; ils sont doués d'une bonne coordination de corps et d'esprit et sont, par nature, habiles de leurs mains tout autant que de leur cerveau. Observateurs, perceptifs et analytiques, ils ont de l'initiative et de la détermination et ils abordent la vie de façon directe et sans compromis. Ils s'en tiennent aux faits et rejettent les illusions. Ce sont des interprètes, plutôt que des travailleurs créatifs, mais ils possèdent le don de l'éloquence, verbale ou écrite. Dirigeants compétents et travailleurs soucieux des détails, ils sont ordonnés et dignes de confiance. Ils font preuve d'objectivité dans leur approche face aux problèmes, pratiques ou personnels. Ils ont une capacité fiable de prévoyance à long terme.

Du côté négatif
Ils sont trop directs, spontanés et imprévoyants, ainsi qu'extrêmement critiques. Impulsifs dans leurs décisions et violents dans leurs actions, ils oublient de faire appel à leur meilleure qualité : un esprit analytique. Leurs réactions rapides se transforment en témérité; leur approche assurée trahit un manque de considération pour la sensibilité et les désirs des autres. Leur intelligence se change en duplicité et en fourberie; ils se servent de leur éloquence pour fuir les responsabilités, de leurs talents et de leur vivacité d'esprit pour échapper aux ennuis, plutôt que de les appliquer à des réalisations pratiques. Négatifs, ils sont froids, indifférents, très égoïstes et intolérants.

L'équilibre
La tolérance et la patience sont les meilleurs facteurs d'équilibre pour les HUIT de Sagittaire. Leur façon naturelle d'aborder les problèmes

est beaucoup plus logique, et leurs réactions sont plus vives que celles de la moyenne des gens, ce qui les rend susceptibles d'être durs et impatients avec les personnes plus émotives et plus lentes d'esprit. De plus, ces HUIT s'impatientent souvent contre le temps lui-même; leur désir d'avancer les aiguilles de l'horloge est l'un de leurs plus grands facteurs de déséquilibre. Apprendre l'art d'attendre et de comprendre les gens, sur le plan humain aussi bien que sur le plan intellectuel, crée un équilibre chez ces personnalités nerveuses et les aide à atteindre le succès matériel et le bonheur personnel.

Commentaire

La double dose de sagacité — l'intelligence instinctive — de cette personnalité provoque, chez les HUIT de Sagittaire, une instabilité mentale susceptible de créer des problèmes à leur entourage et à eux-mêmes. Ils exigent, du monde en général, un comportement logique et intelligent, ce qui est beaucoup demander. Et lorsque, à leurs yeux, le monde les déçoit, leur déception amère peut prendre des formes inquiétantes. Les HUIT de Sagittaire semblent avoir plus de difficulté que les autres à entretenir des relations humaines satisfaisantes. De la même façon qu'ils réclament trop du monde en général, ils exigent une perfection presque impossible de leurs associés, particulièrement des personnes qu'ils aiment.

Ils ne sont pas ambitieux. Le tableau d'honneur de ce cycle est l'un des plus courts de toute l'année. Les noms les plus connus, sur cette courte liste de célébrités, sont Mark Twain, humoriste américain; Jonathan Swift, écrivain satirique anglais; le premier ministre Winston Churchill et l'homme politique américain, William F. Buckley Jr.; le poète et artiste anglais, William Blake; l'auteure bien-aimée de romans pour enfants, Louisa May Alcott; les comédiens Harpo Marx et Woody Allen; et la *prima donna* de l'opéra, Maria Callas. Bien qu'il soit difficile de généraliser à partir d'une telle liste, c'est néanmoins un fait remarquable que la principale qualité que partagent toutes ces personnes est la franchise de parole et de comportement, l'habitude d'«appeler un chat, un chat», avec humour. C'est particulièrement vrai de Mark Twain et de Jonathan Swift, deux parfaits exemples de personnes qui utilisent leur don d'éloquence pour interpréter brillamment ce qu'elles voient autour d'elles.

Presque tous les natifs de ces cycles d'automne aux potentiels et aux fréquences similaires ont tendance à exagérer l'expression de leurs caractéristiques de base. C'est probablement à cause d'un manque de modification par des facteurs contrastants ou complémentaires, tels qu'en possèdent la plupart des autres cycles. Cette tendance est particulièrement remarquable chez les HUIT de Sagittaire, parce que leur franchise caractéristique est renforcée, et non modifiée, par l'énergie dynamique du facteur FEU.

«Rapidité»

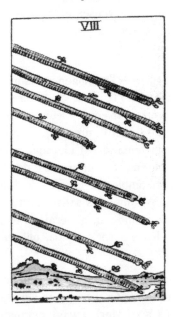

Les HUIT de Sagittaire trouvent difficile de se relaxer et leurs nerfs tendus sont souvent la cause de leurs nombreux problèmes et de leurs erreurs. Le nom de la carte du tarot est «rapidité». Le conflit constant entre leur désir impulsif d'avancer rapidement, à tout prix, et la discipline restrictive de leur esprit logique et analytique jette de l'huile sur le feu des tensions, provoquant souvent une explosion de ce qui passe pour un mauvais caractère mais qui est, en réalité, le relâchement de nerfs tendus : leur seule façon de laisser échapper de la vapeur.

Bien qu'ils n'accèdent pas à la gloire en nombres records, les HUIT de Sagittaire sont loin d'être des non-entités. Ils sont vivants et énergiques, doués de capacités de succès supérieures à la moyenne. Pour cette raison, toutefois, ils ont besoin, plus que la moyenne des gens, d'adopter une attitude équilibrée dans la vie, ce qui, pour eux, est une question de tolérance et de patience.

NEUF de SAGITTAIRE

Du 3 au 12 décembre   (de 10° à 19°59' de ♐)

Potentiel : NEUF	Fréquence : LUNE
(fiabilité)	*(adaptabilité)*

Caractéristique de base : FEU
(énergie dynamique)

Cette personnalité combine l'endurance, le charme personnel, l'énergie et l'intuition à une grande force dynamique. Le conflit se situe entre l'amour des plaisirs sensuels et le désir d'activités créatives.

Du côté positif

On trouve de la force, une vitalité et un pouvoir personnel extraordinaires, de même qu'une grande résistance, dans la nature des NEUF de Sagittaire. Leur adaptabilité est, en fait, de la souplesse : ils s'adaptent de façon positive, mais ne cèdent jamais. Très sensibles aux impressions et extrêmement intuitifs, ils savent ce que les gens veulent et comment le leur donner. Ils ont des aptitudes nombreuses et variées et sont aptes, à force d'efforts concentrés et soutenus, à réussir presque tout ce qu'ils entreprennent. On les dit très émotifs, profondément affectueux et très passionnés. Ils ont un appétit vorace pour le travail, les loisirs et le plaisir. Hospitaliers et généreux, bienveillants et de société agréable, ils sont habituellement populaires auprès des hommes et des femmes. Leur approche dynamique et énergique face à la vie est modifiée par leur charme personnel et leur sympathie pour leurs semblables.

Du côté négatif

Leur force et leur résistance se transforment en entêtement déraisonnable et ils font à leur tête même lorsqu'on leur prouve que leur façon n'est pas la bonne. Ils suivent leurs impulsions émotives jusqu'au bout, encaissant inutilement des revers qu'ils auraient pu s'éviter, et gaspillant leur énergie à des activités sans valeur. Jouisseurs et manquant de tempérance dans leurs plaisirs et de discipline dans leur comportement, ils se laissent mener par leurs émotions et leurs désirs et, lorsqu'ils sont négatifs, s'exposent à perdre leur sens de direction et à passer d'un optimisme extrême à un désespoir profond débridé et incontrôlable.

L'équilibre

Le sens des responsabilités est le meilleur facteur d'équilibre des NEUF de Sagittaire. S'ils peuvent canaliser leur énergie dans des activités disciplinées et se rappeler continuellement leurs responsabilités envers eux-mêmes, envers les autres et envers la vie en général, les NEUF de Sagittaire peuvent atteindre l'équilibre nécessaire à la libération de leur potentiel de splendeur. La maîtrise des émotions est essentielle à leur bien-être mental, physique et spirituel, de même qu'à leur succès matériel et à leur bonheur personnel. La tempérance, le discernement dans les plaisirs, l'activité constante au travail, dans les entreprises et les simples questions de la vie quotidienne sont les clés de leur équilibre, de leur assurance et de leur succès.

Commentaire

De la même façon que l'on peut comparer certaines personnalités nerveuses d'autres cycles à des animaux sauvages, celle du NEUF de Sagittaire fait venir à l'esprit l'image d'un train à vapeur fou. Lié à son propre numéro de potentiel et fonctionnant de concert avec la qualité dynamique du Feu, le pouvoir rythmique de la fréquence de la Lune — toujours associée au symbole de l'Eau — produit un jet de vapeur qui, mal dirigé, est susceptible de se dissiper en énergie gaspillée, et c'est exactement ce qui arrive à l'énergie non maîtrisée, et mal dirigée des NEUF de Sagittaire négatifs et déséquilibrés.

Par contre, de la même façon que cette énergie, maîtrisée mécaniquement, a conquis des continents, les facteurs vitaux extraordinaires de ces personnes peuvent être utilisés à des fins pratiques. Le charme, le pouvoir d'influencer les autres et l'habileté de sentir «ce que le public veut» font partie des meilleurs atouts des natifs de ce cycle.

Walt Disney, qui a senti que le public avait envie de contes de fées, a travaillé fort toute sa vie pour satisfaire ce désir. Disney est un exemple particulièrement intéressant des caractéristiques de ce cycle, parce que la Lune est le symbole de la *mémoire* et de la *fantaisie*. Walt Disney a donné au monde Blanche-Neige, Pinocchio, Ferdinand le taureau, de même que Mickey Mouse. D'autres célébrités de ce cycle avaient aussi un vaste public : James Thurber, grand humoriste qui s'est acquis une telle réputation que, plusieurs années après sa mort, on se souvient encore de lui et on l'aime toujours; Emmet Kelly, le plus célèbre de tous les clowns; Edward G. Robinson, acteur; Joseph Conrad et Samuel Butler, romanciers; Emily Dickinson, poétesse; John Milton, dont la vision intérieure était d'une telle grandeur que sa poésie a grandement enrichi la langue anglaise.

Le document du tarot promet à ces personnes dynamiques «beaucoup de succès, mais avec effort et énergie» et leur attribue «une force extraordinaire et constante qui ne peut pas être ébranlée». Il les décrit également, du côté négatif, comme «intraitables et entêtés».

Des études et des analyses ont démontré que ces caractéristiques se retrouvent souvent chez les personnes nées au cours de ce cycle. Elles peuvent se faire des amis et influencer les gens si facilement qu'elles souscrivent parfois à l'illusion de ne plus avoir besoin de faire d'efforts, oubliant que cette fameuse caractéristique n'est que l'amorce du véritable succès. Mais lorsqu'elles acceptent les simples règles de la discipline humaine et qu'elles gardent leur train à vapeur en équilibre sur les rails, en tenant l'accélérateur d'une main ferme, leurs possibilités de succès sont certainement extraordinaires. Leur cycle est le seul de l'année où la caractéristique de base du Feu active l'intuition créative de la fréquence de la Lune et la rend positive.

«Grande force»

SIX de SAGITTAIRE

Du 13 au 21 décembre   (de 20° à 29° 59' de ♐)

Potentiel : DIX   Fréquence : SATURNE
(persévérance)   (intensité)

Caractéristique de base : FEU
(énergie dynamique)

La détermination, la fiabilité, la force constructive et une volonté ferme composent la structure de ce caractère, le conflit se situe uniquement dans la nature excessivement positive des trois facteurs de la structure.

Du côté positif

Cette personnalité est dominatrice, puissante et très constructive. Les DIX de Sagittaire sont qualifiés pour de grands projets, des entreprises d'importance et de lourdes responsabilités. Ils allient l'énergie au bon sens, l'enthousiasme à la logique, l'esprit d'initiative à la patience. Leurs désirs tendent vers des activités productives, pratiques, et ils construisent toujours en vue de la permanence, de la sécurité et de la sûreté. Ils préfèrent les voies conventionnelles, les formes établies et les méthodes ordonnées. Ils sont dignes de confiance, intrinsèquement honnêtes et ambitieux, mais visent le succès plutôt que la gloire. Doués d'une vitalité extraordinaire et du pouvoir d'influencer, de diriger et d'inspirer les activités des autres, ils ont un talent naturel pour la gestion, une vision large et des idéaux élevés. Ce sont de bons directeurs de discipline et des amis fidèles. Enfin, ils sont animés d'un profond sens des responsabilités morales, familiales et communautaires.

Du côté négatif

Ils sont intolérants, cruels et dominateurs, et n'ont pas de patience face aux faibles ni de sympathie pour ceux qui souffrent. Plutôt que d'assumer des responsabilités, ils les rejettent sur les autres, sans aucune considération, et en insistant de façon exagérée sur la discipline. Lorsqu'ils sont négatifs, les DIX de Sagittaire s'opposent continuellement; ils rejettent les idées nouvelles, les suggestions et les critiques; ils refusent de s'adapter, s'obstinent, pontifient et deviennent dictatoriaux. Ils veulent toujours occuper une position prépondérante, dans les affaires professionnelles ou personnelles ou dans la vie familiale, et sont susceptibles de recourir à des méthodes cruelles pour y parvenir. Intransigeants sur le plan des opinions, ils sont convaincus de leur intégrité et n'hésitent pas à imposer leur volonté aux autres.

L'équilibre

Le développement de la sympathie est le secret de l'équilibre de ces personnalités fortes. La vraie force est toujours empreinte de bonté; le DIX de Sagittaire ne peut développer et déployer entièrement son pouvoir extraordinaire que s'il modère la sévérité par la pitié et s'il adoucit la discipline par la délicatesse et la tolérance. Il est essentiel qu'il se livre à des activités et qu'il fasse des efforts constants en vue d'un objectif constructif afin d'empêcher ses énergies trop positives de se tourner contre elles-mêmes et de se transformer en amertume et en colère. L'adaptabilité, la réceptivité et, par-dessus tout, le sens de l'humour favoriseront l'équilibre des DIX de Sagittaire et accroîtront donc leur bonheur et leur efficacité.

Commentaire
Dans ce cycle, les caractéristiques de la personnalité sont susceptibles, encore une fois, d'une plus grande variété de modifications que les sept précédents, où la fréquence et le potentiel se ressemblaient sur le plan psychologique. Mais il existe une telle similarité entre la détermination persistante du potentiel DIX et l'intensité de concrétisation de la fréquence de Saturne que, même ici, il semble y avoir une force particulièrement unidirectionnelle et concentrée dans la structure de la personnalité. L'énergie dynamique du Feu, caractéristique de base, stimule cette force plutôt que de la modifier.

La combinaison de tous ces puissants facteurs a pour résultat une personnalité particulièrement forte. Dans l'ancienne science appelée «alchimie», on disait de la force de Saturne qu'elle était de même nature que le *sel*. En effet, si l'on considère les caractéristiques vigoureuses appartenant au côté positif des DIX de Sagittaire, on pourrait dire d'eux qu'ils sont «le sel de la terre». Mais il faut aussi garder à l'esprit qu'une dose excessive de sel est difficile à avaler, comme l'est le côté négatif de leur nature.

Un nombre plutôt restreint de noms célèbres apparaît au tableau d'honneur du cycle, mais certains d'entre eux sont particulièrement remarquables. On croit que Nostradamus, le plus grand prophète astrologique de l'Histoire, est né au cours de ce cycle : il n'a jamais révélé le secret de son système. Le philosophe moderne George Santayana est né le 16 décembre, de même que Beethoven, Jane Austen, Noel Coward et l'anthropologue Margaret Mead.

Également du nombre des DIX de Sagittaire célèbres se trouvent Gustave Flaubert, auteur français; Jean Paul Getty, un des hommes les plus riches du monde; Saki, auteur britannique de nouvelles étranges et drôles; Jean Genet, dramaturge au tempérament plus «moderne»; Disraeli, homme d'État britannique; et David Susskind, animateur à la télévision américaine et cinéaste.

On retrouve quelque chose de très solide chez les personnes nées au cours de ce cycle. L'illustration représente un homme portant un lourd fardeau et s'en tirant visiblement très bien. Bien que le titre de la carte soit «oppression», — sûrement par référence au côté négatif du caractère — la description se termine sur une note positive en attribuant aux DIX de Sagittaire «la générosité, le détachement et l'abnégation». La tendance à prendre la vie trop au sérieux, que l'on rencontre si souvent dans les fréquences de Saturne, semble être le principal problème des natifs de ce cycle. Pour la personnalité saturnienne, les bons mots, les gestes affectueux, les rires bienveillants, l'humour sont, en tout temps, la meilleure magie. Ceux-ci transforment le *sel* de la force de Saturne en une saveur agréable, jamais amère sur la langue, mais délectable et bonne avec tout ce qu'elle touche.

«Oppression»

LE DIABLE

LE CAPRICORNE
(Du 22 décembre au 19 janvier)

L'aspect terrifiant de cette clé est l'une des nombreuses touches d'humour du tarot. Le personnage grotesque portant des cornes, des ailes de chauve-souris et des pieds fourchus a l'air épouvantable jusqu'à ce que l'on remarque d'abord que l'homme et la femme semblent peu impressionnés, et que les chaînes qui semblent les lier au tabouret de pierre noire du diable sont tellement lâches qu'ils pourraient facilement les retirer de leur cou. Le message est clair : «Qui mal cherche, mal trouve.» Le diable est tout simplement un adversaire servant à renforcer les «muscles» de l'esprit. La meilleure façon de le vaincre est de prendre conscience du fait que tout ce qui est mal, en apparence, est en réalité le *côté négatif* de quelque chose de bon. Les personnages humains, qui VOUS représentent, n'ont qu'à soulever leurs chaînes pour se libérer de l'esclavage des idées et des interprétations erronées qui mènent si souvent à des actions maladroites. La clé fournit une toile de fond logique aux décans du Capricorne, forts, stables et positifs, chacun à sa façon.

DEUX de CAPRICORNE

Du 22 au 30 décembre   (de 0° à 9°59' de ♑)

Potentiel : DEUX	Fréquence : JUPITER
(initiative)	*(stabilité)*

Caractéristique de base : TERRE
(sens pratique)

Les principaux facteurs de ce caractère sont la diplomatie, l'adaptabilité, l'assurance et la débrouillardise. Le conflit se situe entre le désir de réalisations pratiques et l'instabilité des objectifs.

Du côté positif

On trouve dans cette personnalité un grand nombre des qualités humaines les plus agréables. Les DEUX de Capricorne sont doux, instinctivement courtois et très hospitaliers. Doués d'une compréhension instinctive des émotions des gens, leur sympathie est empreinte d'humour. Ils ont le don d'être heureux et de savoir jouir de la vie, tout en appréciant les plaisirs physiques simples et primaires. Animés d'un sens profond d'honnêteté dans les relations humaines, en affaires et dans les choses pratiques, ils sont à la fois indulgents et justes, généreux et sages dans leur façon de donner. Ils sont affectueux et habituellement très populaires auprès de leurs nombreux amis et connaissances. Ils peuvent s'adapter à différents niveaux de vie avec une facilité inconsciente. Ils sont démocratiques et tolérants dans leur approche face à la vie, et leur sens pratique est fort et actif.

Du côté négatif

Ils font preuve d'indécision et de manque d'assurance dans leurs objectifs, et passent si facilement d'un aspect d'une question à un autre qu'ils n'arrivent pas à se faire une opinion. Leur tact et leur diplomatie naturels s'affaiblissent au point où ils sont d'accord avec n'importe qui et n'importe quoi : le diplomate devient un béni-oui-oui. Lorsqu'ils sont négatifs, leur adaptabilité est susceptible de se transformer en manque de jugement; ils se plient aux circonstances sans en analyser les conditions ni en prévoir les conséquences. Il peut leur arriver d'avoir des envies soudaines de se laisser aller à l'indolence et ils perdent alors toute assurance et se retrouvent à l'extrême opposé : l'instabilité nerveuse. Négatifs, ils donnent l'impression d'être faibles et timides et craignent l'avenir.

L'équilibre

Une honnêteté et une intégrité constante et la résolution de toujours savoir dans quelle voie ils s'engagent et de poursuivre un objectif précis sont la clé de l'équilibre des DEUX de Capricorne. Ils gardent facilement leur assurance naturelle lorsqu'ils évitent l'indécision et qu'ils refusent de se laisser influencer indûment par les autres ou par l'opinion populaire. Les DEUX de Capricorne doivent surmonter leur désir d'obtenir «la paix à n'importe quel prix» et se rappeler qu'ils doivent être justes envers eux-mêmes et bons envers les autres. Les actions impulsives sont l'une de leurs plus grandes pierres d'achoppement; peu importe à quel point cela est difficile pour eux, ils doivent apprendre à réfléchir avant d'agir.

Commentaire

Dans ce cycle se trouve l'anniversaire de naissance de l'Homme que l'on a appelé le Prince de la Paix. Ses symboles sont en harmonie complète avec les idéaux de Noël : paix sur terre, bonne volonté envers les hommes, bonté et générosité, indulgence plutôt que sévérité. On trouve de la douceur et de la délicatesse dans la nature des DEUX de Capricorne — qu'ils soient positifs ou négatifs, équilibrés ou déséquilibrés — qualités qui rappellent le principe de la «règle d'or».

Lorsqu'ils sont équilibrés, les DEUX de Capricorne ont un caractère splendide. Il n'existe pas de véritable conflit dans la quadruple stabilité de la fréquence de Jupiter, du pouvoir intériorisé de la caractéristique de la Terre, de l'esprit d'initiative et de la débrouillardise du potentiel DEUX. La principale difficulté qu'éprouvent ces personnes, c'est qu'elles sont minoritaires dans leur désir de paix et de bonne volonté, dans ce monde peuplé de gens qui aspirent à des choses bien différentes. L'étude et l'analyse de cette personnalité ont démontré que, lorsqu'un DEUX de Capricorne est extrêmement négatif et faible, c'est habituellement à cause de son hypersensibilité face aux cruautés habituelles de la vie. Il n'existe pas d'autre période de l'année où l'on trouve moins de haine, de colère et d'émotions destructives que dans celle-ci. Et, bien que cela fasse des DEUX de Capricorne des gens adorables et charmants, ces derniers s'en trouvent plutôt désavantagés dans notre monde compétitif.

Les noms célèbres qui appartiennent à ce cycle illustrent les possibilités variées des personnalités adaptables et assurées. Sont nés au cours de ce décan Rudyard Kipling, poète, romancier et détenteur du prix Nobel; Robert Ripley, du célèbre «Croyez-le ou non»; les étoiles immortelles, Marlene Dietrich et Ava Gardner; Sir Isaac Newton, génie; l'astronome

Kepler; Louis Pasteur, chimiste et biologiste français; Henri Matisse, peintre et sculpteur français; Pablo Casals, violoncelliste; Howard Hughes, de même que Mao Tsé-Toung, président de la Chine communiste. Helena Rubinstein, reine des cosmétiques et créatrice d'un empire financier, est un autre DEUX de Capricorne.

On a découvert que les DEUX de Capricorne sont habituellement très charmants, qu'ils ont beaucoup d'attrait pour le sexe opposé et qu'ils sont populaires et très appréciés dans le monde des affaires comme dans la vie sociale. Ils sont susceptibles d'être instables dans leurs relations avec leurs proches, mais, lorsqu'on s'oppose à eux, ils peuvent devenir incroyablement entêtés. Sous la gentillesse et le charme se cache une force de caractère qui est une source fiable de succès et de bonheur, lorsqu'on l'utilise de façon positive plutôt que d'en abuser. Comme le dit le document du tarot, ces personnes sont «fortunées lorsqu'elles font preuve de prudence dans la gestion».

«Changement harmonieux»

TROIS de CAPRICORNE

Du 31 décembre au 9 janvier (de 10° à 19°59' de ♑)

Potentiel : TROIS Fréquence : MARS
(détermination) *(activité)*

Caractéristique de base : TERRE
(sens pratique)

L'énergie constructive, le talent créatif, le courage et la fiabilité sont les caractéristiques intrinsèques de cette nature. Le conflit est des plus normaux : il se situe entre le désir émotionnel et le bon sens pratique.

Du côté positif

Le feu créatif de cette personnalité est une force constructive maîtrisée conférant aux TROIS de Capricorne la capacité de réussir tout ce qu'ils entreprennent, dans les limites de la raison. Ils ont le don d'accepter ces limites, tout en les surmontant, car ils savent garder leur équilibre, même dans le feu de l'action, étant tout particulièrement fiables dans les cas d'urgence. Ils allient à l'initiative le désir de concrétiser et de mener à terme tout ce qu'ils entreprennent; ce sont de bons travailleurs, énergiques et enthousiastes. Autodisciplinés de nature, avec leur bon sens et leur volonté ferme ils arrivent à maîtriser leur force émotionnelle, même si elle est puissante. Passionnés, affectueux et profondément sympathiques dans les relations humaines, ils sont doués d'une compréhension instinctive des gens et de la condition humaine et sont toujours prêts à améliorer les conditions de vie de leur entourage.

Du côté négatif

Positifs à l'excès, dominateurs et rebelles, ils donnent libre cours aux émotions telles que la colère et la jalousie, l'envie et la haine. Ils sont engagés si fermement dans leur propre voie qu'ils peuvent détruire tout ce qui bloque leur chemin, sans égard pour les conséquences ou les dégâts. Leur feu créatif devient entièrement destructeur. Leur sympathie humaine se change en un pessimisme noir : ils ne voient rien de bon nulle part, se renfrognent et ont tendance à développer des habitudes solitaires et exclusives qui les mènent à l'esseulement. Ils se vautrent dans leur sentiment de supériorité et se font des ennemis plutôt que des amis. Lorsqu'ils sont négatifs, les TROIS de Capricorne sont des personnes malheureuses, à cause de leurs forces personnelles puissantes et ils peuvent rendre très malheureux ceux qui les entourent.

L'équilibre

Reconnaître leur propre force et décider de l'utiliser de façon constructive en tout temps est un premier pas vers l'équilibre pour les TROIS
de Capricorne. Il est essentiel pour eux d'éviter les pensées et les actions
destructives et de développer leurs meilleures qualités. Ils doivent pratiquer la tolérance et la patience, deux qualités susceptibles de leur faire
défaut. Par-dessus tout, ils doivent se détendre, libérer leurs tensions,
prendre le temps de rire et de s'amuser, afin de favoriser un bien-être
équilibré. Varier leurs intérêts, leurs passe-temps et leurs amitiés est
un excellent facteur d'équilibre pour ces personnes positives, énergiques,
qui ont toujours tendance à adopter une position unidirectionnelle, à
l'exception de toutes les autres possibilités.

Commentaire

La structure de cette personnalité ressemble à un moteur en quatrième
vitesse, nécessitant une main ferme au volant. Compte tenu de l'abondance de pouvoir créatif de ce cycle, il est étonnant de voir le nombre
relativement restreint de noms célèbres qui y figurent. Toutefois, l'analyse
de la personnalité d'un grand nombre de natifs de ce cycle offre plusieurs raisons pour expliquer ce phénomène. Cette personnalité est si
forte qu'elle est décidément difficile à maîtriser et ses facteurs de base
ne contiennent aucun élément d'ambition. De plus, ses tendances négatives à la querelle, à la colère et à la jalousie ne contribuent pas à la
rendre populaire, même si elles n'entravent pas nécessairement ses grandes réalisations constructives.

On trouve, dans ce cycle, trois personnalités puissantes qui ont atteint
la gloire et le succès : Rudolf Bing, ex-directeur du *Metropolitan Opera
Company;* J. Edgar Hoover, fondateur du F.B.I.; et Konrad Adenauer,
homme d'État allemand. On y trouve également plusieurs artistes et
écrivains : Balanchine, J. D. Salinger, E. M. Forster, Carl Sandburg,
Alan Watts et Simone de Beauvoir, idéalistes sur les plans de la forme
et de la structure. Deux humoristes, Max Eastman et Victor Borge font
également partie du cycle des TROIS.

Les TROIS de Capricorne possèdent le trait primitif que l'on trouve
chez toutes les fréquences de Mars et qui produit un pouvoir et une force
agissante différents de tous les autres. Ces personnes détestent l'inacti-
vité et la léthargie, si bien qu'elles n'hésitent pas à négliger la question
du repos et de la détente et à se crisper au point de s'épuiser. La meilleure leçon de détente que puisse prendre un TROIS de Capricorne est
d'observer une vague qui vient mourir sur la plage et de remarquer que

chaque vague se retire avant d'essayer à nouveau de pousser plus loin sur la rive.

On a découvert que, en général, les TROIS de Capricorne ont énormément besoin d'exercice physique à l'extérieur, en communion avec la nature. Lorsqu'ils ne satisfont pas ce besoin, ils emmagasinent un surplus d'énergie et deviennent querelleurs. Ils ont un esprit particulièrement pratique et travaillent mieux lorsqu'ils ont un objectif précis en vue. Même si la carte du tarot montre un artiste au travail, le document attribue à cette personnalité «des avantages dans les transactions commerciales, le prestige, l'accroissement des biens matériels, l'influence et l'intelligence dans les affaires». Et il ajoute, avec sa franchise habituelle, que, du côté négatif, les TROIS de Capricorne sont «égoïstes, étroits d'esprit et pleins de préjugés et ont tendance à rechercher l'impossible».

«Oeuvres matérielles»

La nature des TROIS de Capricorne étant si riche du côté positif ou masculin, il semble que la meilleure façon de l'équilibrer soit de développer et d'encourager les qualités réceptives ou féminines qui font partie du talent créatif si évident dans cette personnalité. Et si l'on en juge par les promesses du tarot, il semble que le jeu en vaille la chandelle.

QUATRE de CAPRICORNE

Du 10 au 19 janvier   (de 20° à 29°59' de ♑)

Potentiel : QUATRE	Fréquence : SOLEIL
(stabilité)	*(ambition)*

Caractéristique de base : TERRE
(sens pratique)

La logique, l'intégrité, la ténacité et l'idéalisme sont les facteurs prédominants de cette nature. Le conflit se situe entre l'idéalisme, *c.-à-d.* le désir de perfection, et le bon sens, *c.-à-d.* le désir de succès pratique et immédiat.

Du côté positif

Nous avons ici un caractère très fort. Les QUATRE de Capricorne allient le sens pratique à une vision prévoyante et à une prudence logique, afin de tirer profit des occasions qui s'offrent à eux. Ils sont ordonnés, constructifs et productifs. Ce sont des penseurs objectifs et des travailleurs inlassables qui dirigent toujours leur ambition vers un objectif concret et tangible. Fiables et extrêmement honnêtes, ils nourrissent une véritable passion pour la justice dans toutes les relations humaines. On leur reconnaît un sens profond de la dignité personnelle, de bonnes compétences de gestion et de la détermination à mener à terme tout ce qu'ils entreprennent. Ils ont un sens naturel des valeurs pratiques et ce sont des amasseurs de fortune. Dans leurs relations interpersonnelles, ils sont discrètement bienveillants, patients et très fidèles.

Du côté négatif

Ils sont autoritaires et dominateurs. Leur désir de perfection et de justice se transforme en sévérité et même en cruauté. Ils pensent logiquement, mais à partir d'une vision étroite, limitée et inébranlable. Leur dignité se change en orgueil et en hypersensibilité et leur manque de flexibilité devient de l'entêtement et de l'intolérance. Dans leur désir de mener à terme la tâche entreprise, ils perdent toute vue d'ensemble et s'embrouillent dans leur projet immédiat. Lorsqu'il est négatif, leur talent pour les finances se transforme en avidité et en avarice, si bien qu'ils sautent sur la première occasion et perdent la fortune ultime. Négatifs, les QUATRE de Capricorne se préoccupent d'affaires pratiques à l'exclusion de tout le reste.

L'équilibre

Ces personnes possèdent deux facteurs d'équilibre naturels : leur sens de la logique et leur stabilité innée. Si elles développent leurs dons, si elles analysent et évaluent les situations au fur et à mesure qu'elles se présentent et si elles mettent en pratique leur discernement, elles peuvent atteindre un excellent équilibre et permettre au bonheur associé à la fréquence du Soleil — capable d'inhibition par les caractéristiques pratiques de la Terre et les limitations du potentiel QUATRE — de rayonner et de donner lieu à une véritable appréciation de la vie. Afin de maintenir leur équilibre et de donner la prépondérance au côté positif de leur personnalité, les QUATRE de Capricorne doivent cultiver assidûment la tolérance et l'indulgence, qualités qu'ils ont tendance à refouler.

Commentaire

Dans notre monde matérialiste, les QUATRE de Capricorne semblent le sel de la terre. Ce sont des amasseurs de fortune, mais ils sont honnêtes; ce sont des ambitieux, mais leurs ambitions sont concrètes, ont une portée considérable et incluent habituellement le bien-être des autres autant que le leur. Seul un QUATRE de Capricorne entièrement négatif est complètement égoïste. On trouve un trait de générosité, de même qu'une tendance à l'idéalisme, dans toutes les fréquences du Soleil. Dans le cas des QUATRE de Capricorne, toutefois, on a découvert que ces facteurs de fréquence agréables étant minoritaires, ils ont parfois besoin d'un peu d'encouragement pour se manifester. La force de cette personnalité est incontestable, mais il faut souvent lui ajouter de la douceur, sous forme de miel, comme dans le cas du lion de la fable.

Le tableau d'honneur des QUATRE de Capricorne est composé de personnalités très distinguées. Alexander Hamilton, Benjamin Franklin, Albert Schweitzer, Molière, William James, Edgar Allan Poe, Anton Tchekhov, A. A. Milne, auteur de livres pour enfants, Paul Cézanne, Danny Kaye, Galina Ulanova, danseuse russe, de même que l'ex-vedette rock Janis Joplin, Al Capone, Robert E. Lee et le boxeur poétique, Muhammad Ali, sont tous du nombre.

Ce cycle est relativement proche de la pointe des naissances célèbres, qui se trouve en février. Il contient la deuxième moyenne de noms célèbres la plus élevée de la période du milieu de l'hiver, et c'est peut-être à cause du pouvoir inné de la personnalité des QUATRE de Capricorne. Combinée au sens pratique de la caractéristique Terre, et renforcée par la stabilité et l'honnêteté du potentiel QUATRE, l'ambition de la fré-

quence du Soleil assure une base presque parfaite pour atteindre le succès. Avec son tableau d'honneur impressionnant, ce cycle atteste assez
clairement du bien-fondé du vieil adage : «L'honnêteté paie.»

Toutefois, lorsqu'il est question de bonheur personnel, les QUATRE
de Capricorne exigent tellement de la vie, ainsi que l'ont démontré maintes analyses et études, qu'ils risquent d'être souvent déçus. Le potentiel
QUATRE désire l'ordre, l'équilibre, la sécurité et la justice; la fréquence
du Soleil veut la beauté et la perfection, et la caractéristique Terre exige
des résultats tangibles et une structure intégrée, sans quoi l'insatisfaction règne. Demander tout cela, dans notre monde imparfait, c'est demander beaucoup!

Il est possible que cet élément d'idéalisme soit le secret de la grandeur de ces personnalités qui «s'accrochent à une étoile»; elles refusent
de prendre l'illusion pour la réalité; elles refusent d'accepter des substi-
tuts. Elles exigent de la vie tout ce qu'elles sont prêtes à lui donner,
et c'est beaucoup.

Le document du tarot leur promet «le succès, le prestige, l'empire,
le pouvoir sur la terre» et l'on a découvert que, lorsqu'ils sont équilibrés, les QUATRE de Capricorne peuvent être très heureux, satisfaits
et prospères.

«Pouvoir sur terre»

L'ÉTOILE

LE VERSEAU
(Du 20 janvier au 18 février)

L'application personnelle de cette clé est simple et directe et se résume en un seul mot : *conscience*. La femme nue est tellement consciente d'elle-même comme personne qu'elle n'a besoin ni de vêtements ni de parures. Elle est aussi consciente du fait que le bassin doit être rempli, que la terre a besoin d'eau pour la pelouse et les fleurs et que les étoiles, dans le firmament, font partie de l'ordre naturel de la vie. Le petit oiseau qui chante dans le buisson est un ibis, l'oiseau du dieu grec de la sagesse, Hermès, que nous connaissons sous le nom de Mercure. Remarquez que Mercure est la fréquence du décan central ou de pointe du Verseau, cycle où l'on trouve le plus grand nombre de naissances célèbres de toute l'année. Votre cadeau de naissance de l'Étoile (traditionnellement appelée la «porteuse d'eau») est plus que la découverte de soi. C'est la *conscience* de vous-même comme élément du processus d'évolution de la vie.

CINQ DE VERSEAU

Du 20 au 29 janvier   (de 0° à 9°59' de ≈)

Potentiel : CINQ   Fréquence : VÉNUS
(activité)   *(productivité)*

Caractéristique de base : AIR
(intellectualité)

Cette personnalité allie l'énergie créative, la rapidité de réactions, la polyvalence et le charme instinctif. Le conflit se situe entre le désir de pouvoir et de succès et le désir du plaisir personnel.

Du côté positif

Il y a un artiste créatif dans chacun des CINQ de Verseau. Ces derniers sont émotifs, sensibles et imaginatifs; ce sont des travailleurs acharnés, des penseurs critiques et constructifs dans leurs désirs. Animés d'un magnétisme personnel puissant, surtout vis-à-vis du sexe opposé, ils ont l'habileté d'influencer, d'inspirer et de diriger les activités des autres. Ce sont des passionnés loyaux et toujours prêts à lutter pour défendre leurs convictions. Ils sont doués d'une énergie extraordinaire, d'un esprit vif et d'un sens profond de la beauté. Très polyvalents et habituellement capables de réussir dans plusieurs domaines différents, ils sont du nombre des rares personnes qui peuvent faire plusieurs choses en même temps et les faire toutes très bien. Ils sont très critiques de leurs propres efforts et de ceux des autres. Difficiles à satisfaire, ils ont un désir impérieux de changer les choses pour le mieux.

Du côté négatif

Ils sont d'humeur instable, nerveux et facilement irritables. Ils sont extrêmement sensibles aux critiques et s'imaginent continuellement qu'on les attaque, qu'on ne les comprend pas et même qu'on les persécute. Inconstants dans leurs affections et susceptibles de cruauté et de manque de considération dans leurs relations interpersonnelles, ils se montrent querelleurs, soupçonneux et indignes de confiance. Dans leur désir impérieux de changement ou d'amélioration, ils deviennent destructeurs, ne songeant qu'à abolir les conditions existantes sans aucun plan de reconstruction. Lorsqu'ils sont négatifs, ils sont portés à développer des tendances radicales et à se montrer réceptifs aux idées subversives et dangereuses.

L'équilibre
Le choix d'une façon positive de canaliser leurs énergies créatives est le secret de l'équilibre des CINQ de Verseau. Lorsque leur vitalité n'a pas d'exutoire suffisant ou satisfaisant, elle s'accumule comme un feu souterrain et aboutit à une explosion d'activités destructives ou à l'apathie, menant à une détérioration de la santé et du caractère. Des activités disciplinées et la maîtrise des émotions, particulièrement de la colère, assurent l'équilibre de ces personnes énergiques et libèrent leurs meilleures qualités créatives. Le développement objectif de leurs capacités mentales est aussi un facteur d'équilibre; elles ont besoin de cultiver l'art de la réflexion.

Commentaire
Avoir sa date de naissance dans ce cycle semble conférer de lourdes responsabilités. Ses noms célèbres sont particulièrement notoires, et l'étude de la personnalité de ses représentants les moins connus suggère que ses forces dynamiques subtiles ne sont pas faciles à maîtriser et à équilibrer dans la vie quotidienne. Le fait étrange que le document du tarot nomme la carte «défaite», compte tenu des caractéristiques puissantes de ce cycle, indique peut-être que la personne risque de subir une défaite si elle n'arrive pas à maîtriser le côté négatif de sa nature. L'illustration représente clairement un guerrier qui a conquis ses ennemis, mais qui semble douter de sa propre victoire. Devenir un CINQ de Verseau accompli ne semble pas de tout repos. Mais la liste des personnes qui figurent au tableau d'honneur prouve qu'on peut y parvenir.

Le compositeur légendaire, Mozart, de même que deux des plus grands musiciens contemporains, Yehudi Menuhin et Artur Rubinstein sont des CINQ de Verseau. On y trouve également les deux grands poètes Robert Burns et Lord Byron. Les écrivains Lewis Carroll, Somerset Maugham, August Strindberg, Stendhal, Edith Wharton, Virginia Woolf et Jules Feiffer, auteur satirique, honorent la liste. Deux artistes, Jackson Pollock et Edouard Manet; un cinéaste, le grand Sergei Eisenstein; un philosophe britannique, Francis Bacon; et le mystique sublime, Swedenborg, s'ajoutent à ce tableau d'honneur distingué. De plus, le président américain McKinley est né le 29 janvier.

Les caractéristiques de la personnalité des CINQ de Verseau sont particulièrement intéressantes parce qu'elles forment une paire d'opposés polaires : le potentiel CINQ, positif et masculin, et la fréquence de Vénus, négative et féminine. Lorsque la personnalité est équilibrée, ces facteurs se complètent et produisent une excellente combinaison, une vie heureuse et créative. Par contre, lorsqu'elles sont déséquilibrées, ces caractéristiques sont en constante opposition et la personnalité a alors tendance à osciller entre les extrêmes, passant du négatif au positif et vice versa, avec une violence déconcertante. La maîtrise de soi est une priorité essentielle pour tous les potentiels CINQ, et la concentration est susceptible de faire défaut à toutes les fréquences de Vénus. Par conséquent, dans cette période qui allie le CINQ à la force de Vénus, ces deux facultés exigent d'être développées consciemment, dans le but, à la fois de canaliser les énergies fougueuses du potentiel CINQ, et de surmonter la tendance au gaspillage d'énergie attribuable à la fréquence de Vénus.

L'équipement mental des CINQ de Verseau est naturellement bon, et lorsqu'ils appliquent leur fine intelligence à la direction et à la maîtrise de leurs forces personnelles variées et puissantes, ils peuvent atteindre non seulement le succès, mais la concrétisation enrichissante de toutes leurs possibilités. Bien sûr, n'importe quel cycle peut produire un génie. Mais les possibilités des CINQ de Verseau sont un peu plus grandes que celles de la moyenne.

«Défaite»

SIX de VERSEAU

Du 30 janvier au 8 février   (de 10° à 19°59' de ♒)

Potentiel : SIX	Fréquence : MERCURE
(ambition)	*(sagacité)*

Caractéristique de base : AIR
(intellectualité)

Cette personnalité allie harmonieusement la confiance en soi, le charme magnétique, l'intelligence et le leadership. Le seul conflit prévisible se situe entre l'honnêteté et la malhonnêteté. Ce cycle est à l'apogée des naissances célèbres.

Du côté positif

Un sentiment de pouvoir, un esprit clair et vif et une confiance inébranlable dans leur compétence donnent aux SIX de Verseau une force presque invulnérable. Ils ont beaucoup de charme personnel, une maîtrise de soi instinctive, de l'assurance et de la dignité. Ce sont des travailleurs dynamiques, énergiques, infatigables, qui ne perdent jamais de vue leur objectif. Ils possèdent une combinaison inhabituelle d'imagination active et vive et d'intellectualité logique, ce qui suggère que, chez eux, le «conscient» et l'«inconscient» sont extraordinairement équilibrés. Ce sont des idéalistes et des individualistes. Doués d'un sens aigu du spectacle, ils ont le don de l'éloquence et connaissent la magie des mots, écrits et parlés. Ils ont l'habileté innée d'attirer à eux tout ce qu'ils veulent, pour autant que ce soit raisonnable.

Du côté négatif

Le côté négatif de cette personnalité s'exprime par un désir impitoyable de dominer et un manque de considération total pour les sentiments, les idées et les besoins des autres. Négatifs, les SIX de Verseau sont froids, distants et cruels, égoïstes, intolérants et égocentriques. Ils sont extrêmement sensibles aux critiques, rancuniers et vengeurs. Malicieux, ils emploient leur esprit rapide et leur vive imagination à des complots et des plans destructeurs. Lorsqu'ils fonctionnent à l'envers, ils font fi de tout scrupule.

L'équilibre

Le sens des responsabilités et de la justice est l'un des meilleurs facteurs d'équilibre de cette personnalité. Ces natifs devraient tempérer leur égoïsme par la générosité, et leur orgueil par la tolérance. Ils devraient cultiver la confiance en soi et la dignité et s'y adonner constamment car, sans elles, les SIX de Verseau perdent la caractéristique subtile de leadership qui est l'un de leurs meilleurs atouts. Ils devraient faire des efforts constants pour développer la sincérité, la bonté et la considération envers les autres, sinon ils se concentreront sur leurs ambitions personnelles, à l'exclusion de tout et de tous.

Commentaire
Compte tenu de l'abondance de noms célèbres appartenant à ce cycle, on pourrait penser que la chance joue en faveur des SIX de Verseau dès la naissance. Mais l'illustration qui apparaît sur la carte, et son nom, dissipent d'un coup cette illusion. Le canotier rame énergiquement pour conduire son propre canot à la rive de la terre promise et dans son canot, là où il peut les garder à l'oeil, se trouvent son épouse, ses enfants et six épées, présumément le fruit de guerres qu'il a gagnées.

«Succès mérité» indique certainement que le travail, le dur labeur, produit les résultats promis pour les personnes nées au cours de cette apogée de naissances célèbres. Et les faits connus le confirment. Aucune des personnes dont le nom figure au tableau d'honneur de ce cycle n'a vu le succès lui tomber du ciel comme une prune mûre. Les faits démontrent qu'elles ont toutes travaillé très fort pour y arriver. Le document du tarot leur promet «le succès après l'angoisse et les difficultés».

Aucun musicien n'a jamais atteint la gloire sans effort. Les violonistes Fritz Kreisler et Jascha Heifetz, de même que la grande étoile de l'opéra, Renata Tebaldi, sont des SIX de Verseau. Felix Mendelssohn, compositeur sublime; Charles Dickens, romancier légendaire; John Rushkin, brillant essayiste britannique et critique social de l'époque victorienne; James Joyce, romancier et poète irlandais; Franz Schubert, compositeur autrichien; Norman Rockwell, artiste américain; J. K. Huysmans, romancier français fantastique; Sir Thomas Moore, écrivain, et Martin Buber, philosophe juif, sont du nombre des étoiles de ce cycle. Des hommes d'État, présents et passés, sont également sur la liste : Aaron Burr, Horace Greeley, les présidents américains William Harrison, Franklin D. Roosevelt et Ronald Reagan. On y trouve également B. V. Spassky, champion russe du jeu d'échecs; François Truffaut, cinéaste français; les auteurs John Ford, Gertrude Stein, Norman Mailer, Jules Verne et Alfred Adler. Deux grands astrologues, Evangeline Adams et C. E. O. Carter, se joignent à cette liste, où l'on trouve le plus grand nombre de personnes dont les noms apparaissent dans les dictionnaires biographiques, simplement parce que plus de personnes naissent au cours de cette période de l'année qu'au cours de n'importe quel autre cycle. Au fil de la présente recherche, qui a permis d'accumuler 500 noms de personnes célèbres, on a découvert que 20 p. cent d'entre elles étaient des SIX et que, parmi celles-ci, près du tiers appartiennent au cycle du SIX de Verseau.

«Succès mérité»

Pourquoi cela? Les SIX de Verseau sont-ils simplement chanceux, ou y a-t-il une explication, dans leur structure psychologique, à cette étrange propension au succès? L'étude de la personnalité, de la vie privée et de la vie publique d'un nombre considérable de SIX de Verseau suggère que l'explication se trouve dans les indications des symboles du tarot de ce cycle.

On peut attribuer le succès des SIX de Verseau au fait qu'ils ont confiance en eux-mêmes et qu'ils sont, par conséquent, optimistes. Ambitieux, ils n'acceptent aucune limite. Ils sont capables de penser, c'est-à-dire d'analyser, de définir et de différencier un cours d'action d'un autre. Ils sont prêts à travailler pour obtenir ce qu'ils veulent et, peut-être le plus important de tout, *ils savent ce qu'ils veulent*, phénomène beaucoup plus rare qu'on ne le réalise généralement, à moins d'être spécialiste des problèmes humains.

Les SIX de Verseau sont appelés à réussir; les faits le prouvent. Mais ne peut-on trouver, dans l'analyse de cette personnalité, une formule de succès qui s'adresserait à nous tous, peu importe à quel moment nous sommes nés?

SEPT de VERSEAU

Du 9 au 18 février   (de 20° à 29°59' de ≈)

Potentiel : SEPT	Fréquence : LUNE
(polyvalence)	*(adaptabilité)*

Caractéristique de base : AIR
(intellectualité)

L'intelligence facile, la compréhension humaine instinctive, l'indépendance et la créativité sont les principales caractéristiques de cette nature. Le conflit se situe entre le désir de dominer et le goût du plaisir.

Du côté positif

Nous avons ici une personnalité bien équipée, au charme agréable, aux compétences variées et à l'intelligence vive et intuitive. Les SEPT de Verseau ont une compréhension subtile et instinctive des désirs humains; ils sont ouverts et sympathiques, mais dominateurs aussi dans leurs relations humaines, personnelles ou publiques. Animés d'une énergie créative, d'une vive imagination et d'un optimisme indomptable, ils n'ont aucun sens des limites; leur foi en l'humanité, et en eux-mêmes, est comme une grande force invulnérable. Ce sont des idéalistes, des humanistes et des rêveurs, mais déterminés à travailler pour concrétiser leurs rêves. Émotifs et sensibles, ils désirent pour eux-mêmes et pour les autres le bonheur et le plaisir plutôt que la gloire ou la richesse. Ils sont généreux, hospitaliers et savent très bien s'adapter.

Du côté négatif

Ils manquent de sincérité, sont indignes de confiance, inconstants et décevants pour eux-mêmes et pour les autres. Ils croient à des illusions et à des fantasmes et ont tendance à adopter un point de vue superficiel face à la vie. Dépourvus de sens pratique, impulsifs et changeants, ils n'ont pas le sens des responsabilités et sont incapables d'efforts soutenus ou concentrés. Négatifs, ils se vautrent dans les plaisirs physiques, manquent de maîtrise de soi et de dignité personnelle et sont généralement indignes de confiance. Leur intelligence intuitive se transforme en duplicité et leur charme devient une arme qu'ils utilisent pour imposer leur volonté aux autres et pour se prévaloir d'avantages égoïstes.

L'équilibre

Le discernement et la concentration sont les deux facteurs d'équilibre les plus utiles dans la structure des SEPT de Verseau : le bon choix de l'objectif et la détermination de mener les tâches à terme, une à la fois. Dans ce cas-ci, on atteint l'équilibre par un effort mental positif, en soumettant son imagination à des limites et en mettant son intuition en garde contre les «intuitions» illusoires et irréelles. L'autodiscipline, surtout en matière de désirs et d'émotions, des activités ordonnées et des efforts précis, de même que des normes d'éthique et de comportement élevées sont des éléments essentiels à l'équilibre.

Commentaire

Ce cycle est l'un des plus complexes du système, et pour l'apprécier, on n'a qu'à se rappeler combien de biographes ont tenté d'interpréter le plus célèbre des Américains, Abraham Lincoln, et que cette personnalité, l'homme lui-même, est encore un mystère. Il y a quelque chose d'insaisissable dans la nature des SEPT de Verseau : au moment où l'on croit les avoir cernés, ils nous échappent. Juste comme on commence à les comprendre, ils se transforment, sous vos yeux, en quelqu'un d'autre. La combinaison des symboles de ce cycle est de nature à créer un portrait déconcertant : si l'on additionne l'instabilité de la fréquence de la Lune, la polyvalence instable du potentiel SEPT et la liberté froide et impersonnelle de la caractéristique de l'AIR, le résultat que l'on obtient n'est rien de plus qu'un point d'interrogation. Même l'auteur du document sur le tarot était visiblement perplexe face à cette personnalité, si l'on en juge par la description qu'il en fait, plutôt contradictoire et négative. Mais le côté positif du portrait suggère une personnalité d'un charme rare et possédant les mêmes possibilités de grandeur que celles que l'on trouve chez Abraham Lincoln.

On peut lire d'autres noms remarquables sur la liste de ce cycle, même s'ils ne sont pas en aussi grand nombre que dans le cycle précédent, puisque celui-ci n'a pas l'élément d'ambition des SEPT. Un grand scientifique figure en tête de liste : Thomas A. Edison. On y trouve également Charles Darwin, dont les idées ont contribué à changer le tempo de son époque; Alfred North Whitehead, auteur célèbre pour ses écrits sur la religion; Grant Wood, artiste qui a peint l'esprit d'une tradition américaine, le «gothique américain»; John Barrymore, Andrés Segovia, guitariste classique; Charles Lamb, essayiste et critique britannique;

et Galilée, savant qui avait la vision nécessaire, sans la force, pour lutter contre l'ignorance de son époque. Et, du côté moins sérieux, nous trouvons également, parmi les noms célèbres de ce cycle : Jimmy Durante, Jack Benny, Edgar Bergen, et le grand acteur de genre, Mark Twain, de même qu'Abraham Lincoln et Hal Holbrook. La dernière candidate au tableau d'honneur du cycle est peut-être Yoko Ono, artiste pop.

Comme c'est le cas pour tous les potentiels SEPT, la polyvalence est à la fois le point fort et le point faible de cette personnalité. La combinaison de la polyvalence et de l'adaptabilité réceptive de la fréquence de la Lune est peut-être l'une des raisons qui expliquent les phrases décourageantes que l'on trouve dans la description du tarot, telles que «succès partiel. Tendance à perdre juste au moment de gagner, par manque d'efforts soutenus». Le problème d'équilibre, toutefois, semble se réduire au simple processus de la concentration objective : de poursuivre la tâche entreprise ou l'idéal avec intelligence et discernement. Le nom de ce cycle est «effort instable», suggérant l'énergie et la force, de même que l'instabilité. Il paraît évident que le SEPT de Verseau peut atteindre un succès et un bonheur considérables, à la condition qu'il fasse l'effort de concentrer, de diriger et de discipliner les forces variées — et le charme — de sa personnalité.

«Effort instable»

LA LUNE

LES POISSONS
(Du 19 février au 20 mars)

Cette clé est le portrait du changement, de la croissance, de l'évolution et du développement — facteurs essentiels à toute forme de vie sur terre. L'évolution, à partir du crustacé primal qui sort de l'eau en rampant pour atteindre la terre ferme, jusqu'à l'être humain, dont le visage apparaît en profil sur la Lune — et quelle Lune! À la fois nouvelle et pleine, dorée comme le Soleil, rayonnant d'énergie positive et négative (longue et courte), et prodiguant l'humidité nécessaire pour faire fructifier la terre. Le loup et le chien hurlant à la Lune représentent la nature, à la fois domptée et indomptée, développée par l'intelligence humaine. Le chemin qui monte et descend entre les deux tours symbolise, dans le tarot, la voie éternellement changeante que chacun de nous doit suivre, pour atteindre les sommets montagneux de l'épanouissement et du succès : VOTRE voie, VOTRE but dans la vie, depuis le moment de votre naissance.

HUIT de POISSONS

Du 19 au 28 février   (de 0° à 9°59' de ✕)

Potentiel : HUIT   Fréquence : SATURNE
(sagacité)   *(intensité)*

Caractéristique de base : EAU
(flexibilité)

Les facteurs proéminents de cette nature sont l'intelligence constructive, la compassion, l'intensité et le talent pour l'administration pratique. Le conflit se situe entre le bon sens logique et la sympathie personnelle.

Du côté positif

Nous avons ici une personnalité d'une force calme mais persévérante, qui est fiable, débrouillarde, digne de confiance, mais très sensible. Les HUIT de Poissons sont des idéalistes, mais qui ont une approche pratique face à la vie et qui sont toujours constructifs dans leurs désirs. Ils sont objectifs, logiques, analytiques et clairvoyants, très justes et équitables dans toutes les relations humaines, professionnelles ou personnelles. Mentalement intuitifs, ils ont un sens profond des valeurs, dans les petites comme dans les grandes choses. Ce sont des travailleurs précis, méticuleux, soucieux des détails et qui ont un sens profond de l'ordre et des responsabilités. On leur reconnaît une compréhension instinctive de la tristesse et un désir profond de soulager la souffrance et d'améliorer la condition humaine. Ils sont fidèles, patriotiques et conservateurs. Ils sont aussi intelligents et imaginatifs et ont le sens de la beauté et du rythme, du pouvoir créateur et de la sensibilité artistique.

Du côté négatif

Ils sont intolérants et étroits d'esprit, pharisaïques et hostiles. Ultra-critiques des idées, du comportement et des actions des autres, ils prennent la vie beaucoup trop au sérieux et ont tendance au pessimisme. Leur vision est étroite; le futur immédiat les rend aveugles aux résultats ultimes; ils s'embrouillent dans des détails; ils dépensent trop d'énergie à des choses sans importance, inhibant leur intelligence naturelle et leurs capacités d'administration. Lorsqu'ils sont négatifs, leur sympathie humaine devient destructive et prend la forme de la cruauté et de l'amertume envers les gens qui ne se conforment pas à leurs normes rigides, et affichent un scepticisme intense face aux idées nouvelles.

L'équilibre

Comme pour toutes les fréquences de Saturne, le meilleur facteur d'équilibre des HUIT de Poissons est le sens de l'humour. Le rire, la disposition à voir les deux côtés d'un problème ou d'un point de vue, de même qu'une tolérance bienveillante pour les particularités des autres, forment une excellente combinaison de facteurs d'équilibre pour ces personnes sérieuses. Elles ont besoin d'assaisonner d'humour même leur sympathie et leur compassion, sinon elles risqueraient de faire plus de mal que de bien et, dans toutes les affaires personnelles, le rire et l'insouciance favoriseront davantage les relations humaines harmonieuses, en plus de faire ressortir les qualités plus délicates et plus attirantes de cette personnalité, que le sens de l'ordre, la prudence et l'approche conservatrice face à la vie risquent d'étouffer.

Commentaire

Ce cycle confirme davantage la théorie, exprimée antérieurement dans cette série de commentaires, selon laquelle l'intelligence serait la qualité humaine la plus productive. Les facteurs que l'on trouve ici incluent la fine sagacité du HUIT — correspondant à la force de Mercure dans le système symbolique — et le pouvoir constructif, intensif et bâtisseur de la fréquence de Saturne, combinés à la qualité créative de l'EAU. La personnalité résultant de cette combinaison devrait être forte et délicate, juste et bonne, intelligente et sympathique.

La liste de noms célèbres de ce cycle inclut des noms tels que George Washington, «Buffalo Bill» Cody et John Foster Dulles. On trouve des poètes sur la liste : le Chinois Pu-yi, Longfellow, Edna St-Vincent Millay, qui partage sa date de naissance avec le compositeur Frédéric Chopin et W. H. Auden; l'auteure de chansons Buffy Sainte-Marie et le parolier-musicien George Harrison. L'écrivain Victor Hugo, et Montaigne, essayiste français; de même que John Steinbeck, romancier américain. Le peintre Pierre Auguste Renoir; Ralph Nader, défenseur des consommateurs; Meher-Baba, mystique; Johnny Cash, chanteur; et Zero Mostel, merveilleux comédien excentrique, ont leur date de naissance dans ce cycle. Copernic, qui fut le premier HUIT de Poissons de l'Histoire à changer la pensée du monde, il est allé jusqu'à risquer sa vie pour défendre ses idées au sujet du système solaire. Et Rudolph Steiner, l'un des plus grands génies universels de tous les temps, scientifique, artiste, architecte, éducateur, philosophe et voyant, ajoute son génie et sa profondeur au tableau d'honneur de ce cycle. La liste est variée, mais chacun des noms qui s'y trouve est remarquable pour sa force et son caractère, même dans le cas des poètes.

Dans la vie quotidienne, on trouve dans ce cycle une moyenne élevée de bon sens et de fiabilité; les HUIT de Poissons sont des personnes naturellement équilibrées. Elles sont susceptibles d'atteindre le succès dans le calme; elles n'aspirent ni à la notoriété, ni à la gloire.

Leur plus grande faiblesse est exprimée par le nom de leur carte de tarot : «Succès abandonné». L'illustration montre un homme tournant le dos aux huit coupes qu'il a apparemment empilées avec grand soin, et se préparant à traverser le désert pour atteindre des montagnes sombres, en quête de quelque chose d'autre, de quelque objectif vague et inconnu. L'étude de ces personnalités a révélé que les natifs de ce cycle finissent soigneusement ce qu'ils entreprennent, mais qu'ils sont susceptibles de négliger de regarder au loin et de voir où cela les mène. Cette tendance est apparemment attribuable à l'habitude négative de s'embrouiller dans les détails et d'oublier la vue d'ensemble.

«Succès abandonné»

Les HUIT de Poissons ont un sens profond des responsabilités envers le prochain, le désir de soulager les souffrances et d'accroître les connaissances et l'intelligence humaines. Et, du moment qu'ils n'oublient de conserver leur sens de l'humour, de cultiver le rire et la tolérance, il est fort possible que leur passage sur terre contribue à rendre le monde meilleur. George Washington l'a certainement fait, et qui peut évaluer la contribution d'un Pu-yi ou d'un Chopin?

NEUF de POISSONS

Du 1ᵉʳ au 10 mai   (de 10° à 19°59' de ⋊)

Potentiel : NEUF	Fréquence : JUPITER
(fiabilité)	*(stabilité)*

Caractéristique de base : EAU
(flexibilité)

Cette personnalité allie la compétence administrative à l'intuition, à l'intégrité et au sens de la justice. Le conflit se situe entre l'esprit pratique et logique et la tendance intuitive à errer.

Du côté positif
On remarque dans cette personnalité une compréhension intuitive des changements de conditions, des causes et des effets des affaires humaines. Les NEUF de Poissons sont doués d'une compétence administrative naturelle; ils sont capables d'appliquer leurs théories et leur savoir intuitif aux affaires pratiques, avec une exactitude logique qui produit d'excellents résultats. Très patients, ils ont un sens aigu du minutage, et savent quand attendre et quand agir. Ce sont des personnes généreuses, bienveillantes et qui savent s'adapter. La délicatesse de la caractéristique de base et du potentiel adoucit et tempère chez elles la logique de la fréquence de Jupiter, sans affecter l'équilibre inné de leur personnalité. Les NEUF de Poissons savent apprécier les plaisirs physiques; ils sont bien équipés pour jouir de la vie et pour semer le bonheur dans leur entourage. Ils ont un sens aigu de l'équité et de la justice.

Du côté négatif
Ils négligent les affaires pratiques et s'embrouillent dans des théories, des rêves et des illusions. Sans cesse en attente de quelque chose qu'ils croient sur le point de se produire, ils vivent dans un monde irréel, espérant toujours rencontrer la chance au prochain tournant. Une fois établie une théorie satisfaisante au sujet de quelque entreprise, ils considèrent le travail comme accompli. Et lorsqu'ils font face à une série de déceptions, ils se disent malchanceux, et le croient également. Ils sont susceptibles de céder à leurs appétits physiques, parfois à l'excès, et cette

complaisance émousse la fine pointe de leur logique naturelle et ralentit leurs réactions mentales au point qu'elles sont encore plus lentes que celles de la personne moyenne. Perdant leur sens inné de l'équilibre et du minutage, ils passent d'un optimisme extrême au pessimisme total. Pour le NEUF de Poissons négatif, il n'y a pas de juste milieu.

L'équilibre

L'habitude de la pensée logique et l'acharnement à équilibrer les éclairs de génie, les «intuitions» — par l'analyse pratique et un jugement basé sur le bon sens — sont la meilleure façon, pour les NEUF de Poissons, de rester du côté positif. Il faut qu'ils apprennent à ne jamais déclarer qu'une théorie est solide avant d'en avoir fait l'expérience. Il est nécessaire pour ces personnes de faire preuve de tempérance dans tous les domaines physiques, surtout dans le boire et le manger, quoique l'abstention et la prohibition ne soient pas désirables dans leur cas. Une discipline raisonnable, combinée à une approche constamment pragmatique face à la vie, aux plans professionnel et personnel, gardera les NEUF de Poissons sur la bonne voie.

Commentaire

Dans des circonstances normales, il semble que cette personnalité devrait être chanceuse, et le nom de la carte, «bonheur matériel», convient à la fois aux symboles et aux personnes nées au cours de ce cycle. Dans les conditions chaotiques de la vie moderne, toutefois, les NEUF de Poissons risquent de trouver difficile de diriger leur destinée; il est donc tout à fait naturel que la liste des noms célèbres de ce cycle soit plutôt courte. Il n'est pas facile pour ces personnes de concrétiser leurs capacités et leurs activités et elles se prêtent beaucoup plus à la réserve qu'à l'ambition. À moins d'être équilibrés et complètement positifs, les NEUF de Poissons s'intéressent davantage aux théories qu'aux résultats.

Ils ont également beaucoup de difficulté dans la tempérance. Comme tout le monde, ils doivent éviter les excès, mais il serait dangereux pour eux d'adopter une autodiscipline sévère. La satisfaction que leur donne le plaisir physique est une nécessité et non un luxe pour les NEUF de Poissons. Ils font mieux leur travail et produisent davantage lorsqu'ils ne sont pas soumis à des règles physiques strictes, telles qu'un régime alimentaire ou le jeûne. L'intempérance, bien sûr, est aussi néfaste qu'une abstinence excessive, pour les NEUF de Poissons. Équilibrer les deux est d'une importance vitale pour leur bien-être général.

Les théoriciens sont majoritaires chez les personnes de ce cycle. Luther Burbank théorisait au sujet des fruits et des légumes; Paul de Kruif, au sujet des microbes. Les théories d'Alexander Graham Bell ont produit un outil précieux pour la civilisation occidentale, le téléphone; Mircea Eliade a étudié les religions de partout dans le monde et il a élaboré des théories à ce sujet, et le pape Pie XII a dirigé l'Église catholique pendant plusieurs années. La liste inclut également Bobby Fisher, champion joueur d'échecs; Dr Seuss, auteur-artiste de merveilleux livres fantastiques pour enfants; Maurice Ravel, compositeur; Michel-Ange, peintre-sculpteur-poète; et Elizabeth Barrett Browning, poétesse idéaliste et romantique.

Tous les potentiels NEUF produisent un esprit indépendant, mais la fréquence de Jupiter ajoute une tendance à l'ordre et à une vie conventionnelle qui assure un excellent équilibre à cette personnalité. Malgré la flexibilité et le charme personnel subtil que l'on trouve habituellement dans leur nature, les NEUF de Poissons ont une grande force de caractère. Du côté positif, elle s'exprime en fiabilité, en honnêteté et en détermination à travailler. Du côté négatif, cette force se transforme en entêtement et en tendance à s'accrocher à de vains espoirs. Le document du tarot leur attribue «une nature bonne et généreuse, mais parfois insensée», et dit qu'«ils ont des idéaux élevés et ne se satisfont pas facilement d'idées modestes et limitées». Il leur promet «la réalisation complète et parfaite du plaisir et du bonheur».

«Bonheur matériel»

DIX de POISSONS

Du 11 au 20 mars   (de 20° à 29°59' de ⋊)

Potentiel : DIX   Fréquence : MARS
(persévérance)   *(activité)*

Caractéristique de base : EAU
(flexibilité)

L'énergie vitale, le charme personnel, la sensibilité et la sympathie émotionnelle sont les points forts de cette personnalité. Le conflit se situe dans l'opposition entre l'activité et la léthargie.

Du côté positif

La nature des DIX de Poissons comporte des possibilités certaines de
succès et d'épanouissement. Ils sont créatifs, imaginatifs et intuitifs et
ont, face à la vie, une approche directe, tempérée par la sympathie et
la compréhension humaine. On les dit énergiques, actifs, idéalistes, constructifs et animés d'un profond désir de permanence et de perfection.
Ils sont bienveillants, affectueux, généreux et hospitaliers. Ils aiment la
beauté, le plaisir et le bonheur, qu'ils désirent plus que la gloire ou la
richesse. Doués d'un magnétisme personnel puissant, leur attrait s'exerce
tout particulièrement sur le sexe opposé, par qui ils sont très attirés.
Ils possèdent une compréhension instinctive des problèmes humains et
sont très émotifs dans leurs relations humaines. Ils s'adaptent facilement, sont grégaires et habituellement populaires.

Du côté négatif

Ils sont indolents, impressionnables, hypersensibles et irréalistes. Ils suivent obstinément leurs impulsions et leurs désirs personnels, négligeant
le bon sens et le respect des autres. Leur imagination et leur instinct
dirigent leurs actions et réactions et, suivant leurs émotions plutôt que
la logique, ils laissent le coeur mener la tête. Négatifs, ils ont tendance
à devenir capricieux et superstitieux, à croire à des fantasmes et à des
illusions, à être subjectifs plutôt qu'objectifs, et à manquer de maîtrise
de soi en regard des plaisirs physiques et des émotions personnelles.

L'équilibre

Le discernement, l'autodiscipline et une approche décidément objective
sont les meilleurs facteurs d'équilibre pour les DIX de Poissons. Ils peuvent utiliser la force positive de la fréquence de Mars pour équilibrer
et diriger la flexibilité de la caractéristique de l'EAU; ils peuvent diriger

la persistance du potentiel DIX vers des fins constructives plutôt que vers un entêtement nuisible. Toujours, l'autodiscipline est la clé du succès et du bonheur pour n'importe quelle fréquence de Mars, et cela est particulièrement vrai dans le cas des DIX de Poissons, parce que leurs forces émotionnelles, énergiques et dynamiques nécessitent davantage de direction et de maîtrise.

Commentaire

Ce cycle, le dernier de l'année solaire, contient, dans sa structure psychologique, des contrastes tellement forts que les personnalités qui en résultent sont souvent complexes et apparemment contradictoires. La vitalité et l'activité de la fréquence de Mars sont violemment opposées à la persévérance fondamentale et constante du potentiel DIX, et ni l'un ni l'autre de ces facteurs n'est particulièrement favorable à la délicate flexibilité de la caractéristique de l'EAU. Mais, et peut-être justement à cause de cette complexité, les personnes nées au cours de ce cycle sont très douées; elles ont, presque invariablement, un charisme personnel irrésistible et, toujours, leur présence se fait sentir partout où elles passent.

L'un des noms remarquables que l'on trouve sur la liste des anniversaires de naissance de ce cycle est celui d'un grand guérisseur psychique, Edgar Cayce. Sa personnalité délicate, fervente de beauté, ses intuitions subtiles et infaillibles et ses réalisations restauratrices sont typiques des possibilités positives de n'importe quel DIX de Poissons. Une autre médium psychique célèbre, Eileen Garrett, est née le 17 mars, de même que, dit-on, saint Patrick. Manly Palmer Hall, occultiste renommé et auteur, et Stéphane Mallarmé, poète symboliste français, se trouvent également sur cette liste, de même que Albert Einstein, mathématicien bienveillant et génial qui, ironiquement, a fait don au monde d'une découverte qu'il a plus tard déplorée de tout son coeur. Au nombre des écrivains, on trouve Henrik Ibsen, Edward Albee, Philip Roth et Irving Wallace; Sir Richard Burton, orientaliste et aventurier, est également sur la liste, de même que le psychologue et fondateur du béhaviorisme, B. F. Skinner, dont la vision de ses semblables illustre la contradiction et la complexité de la structure psychologique de cette période. On a également le danseur légendaire Vaslav Nijinski, et le danseur étoile contemporain, Rudolf Nureyev. Jerry Lewis, dont les compositions touchantes des «petites» gens font d'un monde fou un monde encore plus bouffon, est également membre de ce cycle.

Dans la pensée populaire, Mars, à titre de planète et de symbole mythologique, est associé à l'idée de guerre; on dit que c'est une force combative. Toutefois, l'étude approfondie des correspondances symboliques suggère que, comme c'est le cas de la plupart des croyances populaires, celle-ci est fondamentalement incorrecte. Les symboles de la force de Mars montrent qu'elle est toujours créative, masculine et positive et qu'elle ne devient dangereuse et destructive que lorsque le champ est déséquilibré. C'est pourquoi la maîtrise de soi semble la meilleure clé du succès et du bonheur pour n'importe quelle personnalité ayant une fréquence de Mars. Dans la structure d'une personnalité, la force de Mars s'exprime par les émotions — l'amour, la haine, la jalousie, etc. — et il faut donc tenir les rênes d'une main ferme.

On a découvert que, chez les DIX de Poissons, la maîtrise des émotions est la démarcation étroite entre le succès et l'échec, le bonheur et le malheur et qu'elle est nécessaire au bien-être. Pratiquer l'autodiscipline dans les petites choses, dans les détails de la vie quotidienne, fera une énorme différence quand il sera question de décisions importantes, d'entreprises majeures et, par-dessus tout, de bonheur personnel, ce que les DIX de Poissons désirent vraiment plus que n'importe quoi d'autre en ce monde.

«Succès perfectionné»

TROISIÈME PARTIE

1

LES APPLICATIONS PRATIQUES DE LA FORMULE

Si l'on traduit le salut en termes de ce monde, on réalise qu'il signifie l'harmonie entre les différentes parties de notre propre nature.

Julian Huxley

Si, plutôt que d'être un livre, cette étude était une assemblée municipale générale, l'article suivant à l'ordre du jour serait la période de questions. Et l'expérience a démontré que la plus urgente des nombreuses questions qui surgiraient des quatre coins de l'hôtel de ville serait : «Comment pouvons-nous *utiliser* cette formule basée sur le cycle de 10 jours?»

En effet, le lecteur se demande probablement en ce moment à quoi lui sert d'être conscient des caractéristiques de sa date de naissance, et de celles de sa famille et de ses amis, s'il ne peut appliquer ses connaissances à des choses pratiques de la vie quotidienne. Dans quel contexte la compréhension de la différence entre une caractéristique de base, un potentiel ou une fréquence s'applique-t-elle aux trois principaux problèmes de la vie : le travail, l'amour et les relations sociales? Quelle est la véritable valeur de la connaissance de soi et de la compréhension des autres que l'on peut retirer de la formule?

Il y a autant de réponses à ces questions qu'il y a de personnes qui liront cet ouvrage parce que, comme le montre clairement la formule, il n'y a pas deux personnes qui abordent un problème de la même façon. Toutefois, on a découvert que l'identification honnête des facteurs positifs et négatifs de la structure de base de sa propre personnalité, tels qu'ils sont soulignés dans la description du cycle pertinent, est d'un apport considérable dans bien des applications pratiques, par exemple dans la prise de décision. Un grand nombre de nos problèmes les plus difficiles exigent le choix d'une action : «Être ou ne pas être, voilà la question.»

Pour la plupart d'entre nous, prendre une décision n'est pas une tâche facile parce que, de façon générale, nous n'avons pas de norme qui nous permette de mesurer nos capacités et nos désirs. Nous ne savons pas exactement ce que nous voulons et certains passent leur vie à commettre sans cesse les mêmes erreurs. L'analyse de nos caractéristiques fondamentales personnelles, en relation directe avec un problème immédiat, quel qu'il soit, est un exemple, parmi bien d'autres, des applications pratiques de la formule. En effet, une décision prise en conformité avec notre approche naturelle face à la vie, telle que le démontrent la caractéristique de base, le potentiel et la fréquence de chaque cas, a plus de chance d'être la bonne et de produire des résultats avantageux et satisfaisants.

On a découvert que l'on obtient les meilleurs résultats en utilisant la formule *comme une formule*, c'est-à-dire en utilisant les différents facteurs du cycle comme un chimiste utiliserait les ingrédients d'une ordonnance, les combinant logiquement en vue d'une application à un objectif ou à un problème immédiat, que ce problème soit vocationnel, émotionnel ou tout simplement une question de décision pratique relative aux affaires quotidiennes.

Si, par exemple, vous êtes de type *flexible* et avez un potentiel de *stabilité* et une fréquence *adaptable*, vous hésiterez à entreprendre un gros tapage publicitaire pour une vente, puisque cela exige une énergie, une ambition et un dynamisme étrangers à votre nature. D'autre part, vous entreprendrez en toute confiance une tâche constructive et créative qui exige de la diplomatie et de l'entregent. Si vous avez un potentiel d'*ambition*, vous savez donc que vous avez un don naturel de leadership et vous accepterez des responsabilités exigeant l'exercice d'un tel don, en sachant que vous pouvez très bien vous fier sur vos propres capacités personnelles pour réussir. Si vous êtes, par nature, un travailleur ordonné, tranquille, intéressé à faire son travail efficacement et retirant sa satisfaction personnelle ainsi plutôt qu'en jouant le rôle principal, vous serez beaucoup plus heureux si vous évitez de vous mettre dans des situations qui exigeraient de vous des réactions et des réponses contraires à votre nature. Et ainsi de suite. La compilation, à l'aide de la formule, des facteurs personnels de chacun, est si claire, si logique, si fondamentale et si directe, que leur application à n'importe quel ensemble de circonstances est une procédure des plus faciles.

À partir des descriptions, par la formule, des facteurs personnels, positifs et négatifs, il nous est possible d'apprendre — par la méthode sans douleur de la réceptivité intéressée — la vraie nature de notre équipement psychologique. Nous commençons à comprendre nos réactions instinctives aux bonnes et aux mauvaises nouvelles, aux urgences, aux responsabilités et à toutes les autres exigences que la vie nous impose chaque jour. Plutôt que de nous reprocher à nous-même de nous sentir et d'agir comme nous le faisons, nous analysons notre comportement à partir d'un point de vue raisonnable : nous nous donnons une chance! En nous comprenant nous-même, nous utilisons en toute confiance nos armes et nos instruments naturels dans la réalisation de notre objectif, qu'il s'agisse de diriger la Banque du Canada ou, tout simplement, de commander un repas au restaurant.

Dès leur plus tendre enfance, la plupart des gens sont soumis à des comparaisons insidieuses entre leur comportement et celui qu'adopteraient certaines personnes, supposément supérieures, dans les mêmes circonstances. À cause de cette constante habitude de nous critiquer, et bien qu'ils soient animés des meilleures intentions du monde, nos aînés sont une des causes principales du problème le plus courant de la psychologie, le complexe d'infériorité. Les efforts que nous faisons pour être à la hauteur des attentes de quelqu'un d'autre quant à ce que nous devrions être ou faire aboutissent souvent à une névrose ou une psychose qui nuit sérieusement à l'efficacité, à la santé et au bonheur de la personne concernée.

Au lieu de nous mouler à quelque norme artificielle, la formule nous permet de nous évaluer nous-même honnêtement et franchement, à la lumière de ce qu'on pourrait appeler notre norme individuelle. Sous ce rapport, on notera que la formule ne laisse aucune place aux alibis. Elle nous met continuellement en garde contre les dangers du côté négatif des caractéristiques plus agréables telles que la stabilité, l'adaptabilité et la réceptivité. Elle nous dit, avec une franchise sans merci, que la dignité «à l'envers» devient de l'orgueil pompeux, que l'énergie dynamique se transforme facilement en nervosité et en témérité et que le désir d'améliorer notre entourage peut facilement devenir une recherche de pouvoir personnel.

Toutefois, on nous répète incessamment dans la formule qu'en utilisant continuellement nos caractéristiques naturelles positives — en étant nous-même et en restant du bon côté — nous pouvons mener une vie meilleure encore que ce que nous osions espérer. De l'expérience de l'auteure — et ceci a été confirmé par d'autres qui ont étudié les problèmes et les moyens d'adaptation individuels — l'évaluation erronée et la sous-estimation de nos propres capacités et caractéristiques sont responsables de plus d'insatisfaction et d'échecs que toutes les autres mauvaises habitudes humaines mises ensemble. Si l'on reconnaît un objectif à la formule, c'est celui d'établir un sain esprit de respect de soi dans toute la race humaine.

L'une des fonctions les plus intéressantes de la formule est que l'on peut la consulter si l'on veut savoir pourquoi les personnes célèbres, des personnes dont la nature, les caractéristiques et les habitudes sont exposées aux yeux du public par les commentateurs et les biographes et dont la date de naissance est généralement connue, se conduisent comme elles le font. En étudiant les descriptions des cycles appropriés, on peut voir que ces personnalités remarquables ont *utilisé* leurs caractéristiques naturelles, positives et négatives, pour atteindre la notoriété et leur forme particulière de succès ou d'échec. On peut parfois apprendre davantage d'un échec spectaculaire que d'un succès éclatant, même si le processus est moins plaisant.

On le verra au chapitre 4, on trouve beaucoup plus de célébrités parmi les potentiels SIX que dans n'importe quel autre cycle. Selon des études biologiques et selon la formule, la période de l'année où se situe l'*apogée de la gloire* tombe dans le cycle du SIX de Verseau, qui s'étend du 30 janvier au 9 février. Ce phénomène s'explique par l'*ambition* inhérente du potentiel SIX, qui produit non seulement le désir de la gloire, mais aussi la dignité, le charme, le talent de leadership et le magnétisme nécessaires pour obtenir et maintenir une position centrale sur la scène publique. Il faut toutefois garder à l'esprit que cela ne signifie pas que n'importe quel potentiel SIX accédera automatiquement à la gloire, à la renommée ou au leadership. La formule montre plutôt que les facteurs naturels de chaque personne née au cours d'un cycle à potentiel SIX, soit un cycle doué d'ambition, de charme, de dignité et de magnétisme, fournit tous les ingrédients nécessaires pour produire un bon chef ou une idole publique.

Le désir du pouvoir est un autre facteur humain qui pousse les personnes sous les feux de la rampe, mais d'une façon différente, comme on le voit très bien par la formule. Si l'on prend Hitler et Mussolini comme exemples frappants du «complexe du pouvoir»«, on découvre que ces deux personnes incroyablement destructives sont nées avec un potentiel CINQ, ce qui produit, du côté négatif, le désir du pouvoir personnel et une tendance à la destruction et, du côté positif, une énergie et une activité extraordinaires. Ces hommes ont suivi des chemins différents vers la dictature; dans sa quête de pouvoir personnel, Mussolini a gardé la royauté et l'Église bien vivantes dans la structure nationale de l'Italie, alors qu'Hitler n'aspirait qu'à tout détruire du sacré et du traditionnel qui se trouvaient sur son passage. La raison de cette différence vitale entre les deux dictateurs s'explique par les facteurs qui modifiaient leurs cycles de naissance respectifs.

La date de naissance de Mussolini, le 29 juillet, en faisait un CINQ de Lion. Sa caractéristique de base, le FEU lui conférait une vitalité plus positive que celle d'Hitler et produisait une force agissante qui s'affaiblissait rarement. La fréquence de Saturne de ce cycle donnait à Mussolini le sens du respect des coutumes, ce qui avait pour effet de garder son complexe du pouvoir à l'intérieur de certaines limites, et la combinaison des facteurs de ce cycle nourrissait, chez le *Duce*, un sentiment d'invulnérabilité personnelle qu'Hitler n'a jamais connu.

Né un 20 avril, Hitler était un CINQ de Taureau et avait la Terre comme caractéristique de base et Mercure comme fréquence. Dans ce cas particulier, l'énergie du potentiel CINQ — qu'il avait choisi d'utiliser de façon négative — était modifiée par l'intelligence subtile mais superficielle de la fréquence de Mercure, qui préfère toujours ne pas regarder trop loin dans l'avenir, mais qui voit le présent avec une clarté extraordinaire. Hitler a utilisé et dirigé cette adresse instinctive dans le but unique d'obtenir ce qu'il voulait, et le monde a vite découvert que, ce qu'il voulait, c'était dominer le monde. Il est intéressant de noter que Lénine est né le 21 avril, ce qui lui donnait les mêmes caractéristiques psychologiques que celles d'Hitler.

Cela ne signifie évidemment pas que toutes les personnes nées avec un potentiel CINQ soient susceptibles de développer le complexe du dictateur. Ce que la formule sous-entend ici, c'est que l'on trouvera, chez ces personnes, les caractéristiques de base qui produisent une personnalité active, énergique, dominante et dont les talents peuvent servir à de grandes réalisations ou à des oeuvres de destruction. Le président Theodore Roosevelt était un CINQ de Scorpion. Élisabeth II est un CINQ de Taureau, de même que l'était William Shakespeare. Carl Jung était un CINQ de Verseau.

Lorsqu'on étudie, à la lumière de la formule, des personnalités célèbres ou nos propres associés dans la vie de tous les jours, il faut garder à l'esprit qu'il n'existe pas deux personnes qui utilisent exactement de la même façon le même ensemble de facteurs personnels. Exemple : supposons qu'un nouveau magasin d'articles de sport offre un ensemble de bâtons de golf Jack Nicklaus aux cinquante premiers clients qui se présentent à la porte. Les bâtons seraient les mêmes dans chaque cas, mais il en résulterait une variété de parties de golf, selon l'expérience, l'entraînement et le talent de chacun! On pourrait raisonnablement parier qu'aucun des cinquante n'égalerait le pointage de Jack Nicklaus, bien que les bâtons fussent équilibrés et parfaits.

Les personnes qui les possèdent peuvent utiliser les facteurs de n'importe quel cycle de dates de naissance de façons infiniment variées, et avec plus ou moins de succès, selon la volonté de chacun. «Chaque personne est infiniment perfectible» et le même ensemble de caractéristiques personnelles de base peut souvent produire un grand artiste, un criminel ou un illustre inconnu. Mais, lorsqu'ils se soumettent à des tests de caractère et de personnalité, on se rend compte que l'artiste, le criminel et l'inconnu travaillent avec les mêmes outils personnels, qu'ils sont animés des mêmes désirs et que leurs réactions se ressemblent. On se rend compte que les personnes qui réussissent sont celles qui utilisent leur équipement personnel de façon positive et en tirent le meilleur avantage. Les personnes qui échouent sont habituellement celles qui utilisent le côté négatif de leur nature ou qui essaient de se conformer à des normes entièrement artificielles et déphasées par rapport à leur équipement psychologique naturel.

Il est donc évident que la formule ajoute un intérêt considérable à la lecture de l'Histoire et de biographies, de même qu'à la compréhension de l'actualité. Les personnalités qui influencent et dirigent les activités du monde affectent directement la tournure des événements. Un seul exemple suffira : le changement extraordinaire de l'état d'esprit du public, en Angleterre, durant la guerre, lorsque Neville Chamberlain, DIX de Poissons, a fait place à Winston Churchill, HUIT de Sagittaire, au moment où Hitler s'avançait sur l'Angleterre. Il n'aurait pu y avoir de plus grand contraste entre deux personnalités. Chamberlain, avec le conservatisme persistant du potentiel DIX, la flexibilité réceptive de la caractéristique de base de la Terre et l'instabilité émotionnelle de la fréquence de Mars, était incapable, par nature, d'affronter l'astucieux complexe du pouvoir d'Hitler, avec sa fréquence de Mercure, son potentiel CINQ et sa dure caractéristique de base, Terre. Par contre, Winston Churchill a ajouté au portrait l'énergie dynamique du Feu, la double sagacité et la capacité d'action rapide et directe du potentiel HUIT de même qu'une fréquence de Mercure, plus puissante que celle d'Hitler à cause de son énergie de base.

Le monde entier avait les yeux rivés sur Churchill lorsqu'à l'été de 1940 il a remonté le moral de toute l'Angleterre, insufflant à son pays son propre enthousiasme fougueux et faisant rugir le Lion britannique, qui flagella alors Hitler de la queue, de façon typiquement anglo-saxonne.

Des exemples de ce genre surgissent dans les journaux presque chaque jour et, à mesure que nous découvrons à quel point les personnalités influencent les événements et les circonstances, nous sommes plus en mesure de comprendre ce qui se passe autour de nous, à la fois du point de vue du monde en général et dans l'environnement immédiat de notre vie personnelle.

La formule est peut-être à son plus utile dans la compréhension de nos proches, ceux à qui les circonstances nous lient si étroitement qu'il est difficile de prendre du recul. Le vieux dicton selon lequel «l'amour est aveugle» n'est que trop vrai; toute relation émotionnelle entre deux personnes peut influencer le jugement personnel. Au prochain chapitre, nous traiterons de façon exhaustive de la question des relations interpersonnelles telles qu'elles sont analysées par la formule; ici, nous ne l'aborderons que brièvement.

Les relations humaines les plus intimes et les plus difficiles sont, bien sûr, les relations conjugales et les relations parentales. Les frictions entre mari et femme, ou entre parents et enfants, peuvent rendre des familles bien malheureuses et, souvent, détruire la vie de plusieurs. Il est presque impossible, dans ces cas, d'adopter un point de vue objectif. En permettant d'analyser chaque personne et les éléments fondamentaux de leurs relations, la formule apporte un point de vue pratique et scientifique, à partir duquel on peut faire des changements.

L'expérience pratique l'a prouvé. De façon générale, rares sont les couples mariés qui ont des «affinités» telles que le précise la formule; quant aux autres, la compréhension des facteurs personnels qui entrent en jeu accroît leur tolérance et leur respect mutuels, éléments qui forment une base excellente où construire un amour et une affection durables. L'épouse émotive et dynamique en vient à reconnaître, dans son mari à l'esprit pratique, un partenaire fiable, et le mari apprend à jouir de l'enthousiasme et de l'énergie de son épouse, plutôt que de se sentir écrasé ou ennuyé. Chacun apprend à quoi s'attendre — et à quoi ne pas espérer — de l'autre, sans qu'il y ait ressentiment ou critique. Si, par hasard, l'épouse est le membre le plus doux et le plus réceptif du couple, l'analyse de son cycle selon la formule l'aidera à éviter de se transformer en paillasson, de se laisser écraser par son mari dynamique et excessivement positif, tout en lui donnant amplement d'espace où il peut exercer sa propre énergie. Ce type particulier d'association a habituellement tendance à donner lieu au harcèlement insidieux, principal agent de destruction des mariages heureux.

La plus subtile des adaptations conjugales se produit généralement lorsque l'un des partenaires — ou les deux — appartient au type intellectuel, dont la caractéristique de base est l'Air. Il n'est pas facile de s'adapter émotionnellement à partir d'un point de vue intellectuel et objectif, si l'on ne reconnaît pas le pouvoir des facteurs intellectuels, en tant qu'armes, et qu'on ne les utilise pas efficacement. Ici, l'analyse de chaque cycle individuel, selon la formule, peut être une aide précieuse lorsqu'il s'agit de s'adapter, surtout si l'on prend en considération les facteurs de relations soulignés au chapitre suivant.

On a découvert que les frictions fréquentes entre parents et enfants ne sont pas attribuables au fossé des générations, que l'on blâme habituellement, mais à un manque de compréhension évident entre une personne et une autre. Les parents se permettent souvent d'attendre de leurs enfants qu'ils soient des copies conformes d'eux-mêmes; ils sont désolés lorsque leur progéniture fait preuve d'un individualisme particulier. C'est l'une des causes les plus fréquentes de malentendus entre les membres d'une famille, de querelles entre parents et enfants, à des moments critiques de la relation, dont la valeur et la beauté s'en trouvent détruites dans la vie de chacun, en même temps que l'harmonie familiale.

Ici encore, l'analyse claire que l'on trouve dans les descriptions des cycles de naissance appropriés peut être d'une aide réelle et durable. Non seulement permet-elle au parent de comprendre son enfant, mais elle aidera également l'enfant, lorsqu'il sera assez vieux, à comprendre ses deux parents, à partir d'un point de vue objectif et non émotif. Une telle compréhension créera alors dans la famille le respect mutuel, dont l'absence est si souvent la cause de désaccords familiaux. L'auteure du présent ouvrage en a vu tellement d'exemples qu'il faudrait plusieurs volumes pour traiter de tous ces cas vécus. Chaque problème de relations interpersonnelles est différent des autres et doit être résolu en tenant compte des nombreux facteurs qui entrent en jeu. Mais pour résoudre n'importe quel problème, il faut partir d'un point de vue logique. Pour toutes les questions qui sont rattachées aux différentes personnalités, la formule assure un point de départ logique et étonnamment exact. Et, parmi toutes les questions et tous les problèmes auxquels nous avons à faire face chaque jour, laquelle ou lequel n'a *pas* de rapport avec des personnalités? Si l'on y regarde de près, on se rend compte qu'il n'y en a pas.

Tout problème pratique exige la compréhension simultanée de nos propres motifs et désirs et de nos capacités personnelles, et de ceux de l'autre personne ou de l'autre groupe de personnes à qui l'on a affaire. En prenant cette compréhension comme point de départ, l'approche de n'importe quelle question que l'on peut imaginer est grandement simplifiée. D'abord, lorsque l'on comprend les gens avec qui l'on doit composer, on peut modifier son approche personnelle en conséquence. On n'essaie pas de dominer un SIX ni de pousser un SEPT. On respecte l'esprit lent mais ordonné d'un QUATRE et l'indécision d'un DEUX. On n'offre que des détails pratiques à un HUIT, que les points fondamentaux de n'importe quelle question à un NEUF, et l'on use de circonspection avec la persistance dominatrice d'un DIX.

Chez les personnes avec qui on travaille, on fait appel aux émotions de celles dont la caractéristique de base est le FEU, à l'imagination créative de celles dont la caractéristique de base est l'EAU, à la logique de celles dont la caractéristique de base est l'AIR et au sens pratique de celles dont la caractéristique de base est la TERRE.

Et, en tout temps, on adapte son approche des amis et des associés selon la meilleure compréhension possible de sa propre nature et de la meilleure façon de faire en sorte que toutes ces personnalités coopèrent.

2
S'ENTENDRE
AVEC LES AUTRES

Je ne vous aime pas, Madame Comtois,
Mais je ne saurais vous dire pourquoi.

Tout le monde est un peu étrange, sauf toi et moi — et même toi,
tu es un peu étrange!

Au cours de l'élaboration de la formule du cycle de dix jours, l'un des aspects les plus intéressants qu'on a pu observer est le système de relations, harmonieuses ou non, entre deux personnes. Comme les relations interpersonnelles sont, de l'aveu de tous, le problème humain le plus important, cet aspect de la formule de la date de naissance est d'un intérêt particulier. Les neuf-dixièmes de toutes nos conversations sont centrées sur l'harmonie, ou l'absence d'harmonie, qui règne entre les gens, qu'il s'agisse de commérages au sujet des voisins ou de discussions officielles au sujet de situations internationales. Et, en général, nous avouons rester perplexes.

Bien que la formule n'offre pas de solution magique au problème de la paix dans le monde ou de l'harmonie familiale, elle joue un rôle intéressant et pratique dans les questions vitales de l'amour et de la haine, de l'entente et de la discorde, de l'affinité et de l'antipathie entre les gens. Elle ne dispose pas de nos problèmes de relations, mais elle nous offre une base pratique pour les comprendre, qu'il s'agisse de disputes familiales, de difficultés parentales, de problèmes conjugaux, de simples amitiés ou inimitiés ou d'associations d'affaires. Et il ne fait aucun doute que la compréhension est une priorité essentielle pour arriver à la meilleure solution de n'importe quel problème mondial.

La principale difficulté qui surgit dans les relations interpersonnelles est peut-être que nous sommes susceptibles de juger tout le monde selon nos propres normes; nous évaluons les autres à partir de nos caractéristiques personnelles. «Même toi, tu es un peu étrange!» La formule nous rappelle qu'il existe beaucoup d'approches de la vie qui diffèrent de la nôtre. Bien plus, elle nous dit quelles sont ces différentes approches, selon les facteurs de conditionnement établis par la date de naissance de chaque personne concernée. Même sans les suggestions spécifiques de la formule quant à l'harmonie ou à la discorde qui existe entre certaines caractéristiques de base, certains potentiels et certaines fréquences, la simple clarification des caprices de la famille humaine dans son ensemble — tels que révélés par la formule — serait une contribution pratique à l'amélioration des relations humaines.

En appliquant la formule au problème des relations interpersonnelles, on a découvert que l'on obtient les meilleurs résultats en utilisant la formule objectivement, c'est-à-dire en étudiant les facteurs fondamentaux de chaque structure personnelle, un peu comme un scientifique observerait le déroulement d'une expérience. On peut examiner, d'un oeil critique et sans émotivité, les trois facteurs — caractéristique de base, potentiel et fréquence — dans leur interaction logique, d'une personnalité à l'autre. De cette façon, on peut faire des changements avec rapidité et sans embarras, ce qui n'est pas toujours possible avec certaines autres méthodes, telles que la psychanalyse ou les questionnaires techniques. En utilisant la formule, il est possible d'en arriver à un point de vue objectif, ce qui est habituellement plutôt difficile lorsqu'il est question d'affaires personnelles.

Les variations presque infinies de la structure psychologique humaine suggèrent, bien sûr, que n'importe quel genre de rapport statistique au sujet des relations humaines serait à la fois absurde et trompeur. Les facteurs qui nous intéressent sont trop subtils pour se prêter à des études statistiques. La compilation des affinités et des antipathies au moyen de la formule n'est rien de plus qu'une structure ordonnée sur laquelle on peut construire une compréhension large et pratique de la relation de base entre une personne et une autre, selon les facteurs individuels qui entrent en jeu : la caractéristique de base, le potentiel et, dans une moindre mesure, la fréquence, dans chaque cas. Bien qu'il reste encore à faire des recherches considérables dans ce domaine, les résultats obtenus jusqu'à maintenant, en regard du bonheur et de l'adaptation, se sont révélés suffisamment productifs pour justifier la présentation, ici, de la structure du système des relations.

Bien qu'on ait eu recours au bon sens commun dans chaque cas, certains principes fondamentaux sont clairement établis dans les sources de la formule et d'autres se sont révélés par l'expérience. Même s'il est manifestement impossible de condenser les nombreux angles d'application en un seul chapitre, l'auteure a confiance que, à ce point, le lecteur est suffisamment familiarisé avec les méthodes de la formule pour pouvoir analyser les facteurs présents dans chaque cas et pousser l'analyse un peu plus loin. Au lieu de se concentrer sur la compréhension d'*une* personne dans sa relation avec la vie en général, il étudiera *deux* personnalités, dans leur relation l'une avec l'autre.

Les principes de base des affinités sont élaborés ici, en commençant par la plus évidente et la plus importante des relations : celle qui existe entre les CARACTÉRISTIQUES DE BASE de deux personnes.

Les caractéristiques de base

De la même façon que les caractéristiques de base — symbolisées par les quatre «éléments» originaux : FEU, AIR, EAU et TERRE — forment la base de la structure de la personnalité selon la formule, elles sont également les facteurs fondamentaux des relations interpersonnelles. Bien que les relations contradictoires de potentiel ou de fréquence puissent modifier quelque peu l'harmonie ou la discorde qui existe entre les types, les relations établies selon les caractéristiques de base semblent remarquablement stables. Elles se conforment, avec une exactitude étonnante, à l'ancien postulat établi par les auteurs inconnus du document sur le tarot, lequel divise simplement les quatre «éléments» en catégories *amicales* et *hostiles*.

Le FEU est amical envers l'AIR; hostile, envers la TERRE et l'EAU. L'AIR est amical envers le FEU; hostile, envers l'EAU et la TERRE. L'EAU est amicale envers la TERRE; hostile, envers l'AIR et le FEU. La TERRE est amicale envers l'EAU; hostile, envers le FEU et l'AIR.

Cette compilation ressemble peut-être à quelque incohérence alchimique, mais il se trouve qu'elle a une base très remarquable dans la réalité, en particulier en ce qui concerne la plus intime et la plus critique de toutes les relations humaines : le mariage. Une étude approfondie d'un grand nombre de relations conjugales a démontré que les mariages les plus durables et les plus heureux sont ceux de personnes dont les caractéristiques de base du conditionnement par la date de naissance correspondent aux catégories *amicales* de l'ancienne compilation.

C'est-à-dire, pour utiliser le langage de la formule, que parmi les éléments complexes de nos différentes individualités, la caractéristique de base du *sens pratique* d'une personne aura des affinités pour la caractéristique de base de *flexibilité* d'une autre personne. Il en va de même pour l'*énergie dynamique* par rapport à l'*intellectualité;* ces combinaisons «s'entendent» et ont tendance à produire, entre un homme et une femme, un lien subtil et mystérieux qui crée une relation durable.

En cours d'interprétation et de traduction des symboles anciens, on s'est rendu compte que, en général, la meilleure façon de découvrir leur sens véritable est de prendre leur signification le plus littéralement possible. Donc, bien que le feu et l'eau, sous leurs formes particulières de flamme et de liquide, n'aient évidemment rien à voir avec le cas présent, il est intrigant de découvrir que la relation discordante entre les caractéristiques de base qu'ils symbolisent se manifeste en ce sens que l'EAU a un effet d'*éteignoir* sur les personnes dont la caractéristique de base est le FEU. De la même façon, une personnalité de FEU est susceptible d'avoir un effet stimulant, troublant et *dominateur* sur la personne, plus douce, dont la caractéristique de base est l'EAU au point parfois de l'épuiser, comme une bouilloire chauffée à vide. Par contre, dans la combinaison «amicale» symbolisée par le FEU et l'AIR, il est facile de voir que, dans la réalité, le feu et l'air sont interdépendants, se nourrissant l'un l'autre de la dose exacte de caractéristiques nécessaires au rayonnement d'une flamme stable. C'est ainsi que l'on peut interpréter les énoncés symboliques et les traduire de façon claire et compréhensible. Ils sont toujours logiques, simples et pratiques.

Si l'on visualise la terre et l'eau avec la même lucidité, on se rappelle immédiatement que les semences ne poussent dans la terre qu'avec l'aide de l'eau, et que l'eau ne peut être productive que lorsqu'elle est en contact avec la terre. Par contre, l'air, en relation avec la terre, ne produit que de la poussière, et le feu ne réussit qu'à assécher et à craquer la terre, à détruire sa fertilité. Les anciens sages étaient étrangement exacts dans leur utilisation des symboles. Il pourrait difficilement y avoir une description plus graphique de l'interaction des personnalités dans la réalité que cet étrange postulat d'«éléments» amicaux et hostiles des caractéristiques de base des personnes concernées, telles qu'elles sont établies par le conditionnement par la date de naissance.

Il est facile de voir en quoi l'énergie dynamique, comme caractéristique personnelle, a besoin de l'équilibre du discernement et de la pensée claire, du FEU et de l'EAU. Par ailleurs, le sens pratique, dur et froid, a besoin des effets humanisants de la flexibilité, comme dans le cas de la TERRE et de l'EAU. Les penseurs ont besoin d'associés dynamiques pour les faire passer de la théorie à l'action, ce que le FEU peut faire avec l'AIR alors que les rêveurs, les personnes dont la caractéristique de base est l'EAU, ont besoin du genre d'encouragement que peut leur administrer le sens pratique d'une personne dont la caractéristique de base est la TERRE. L'ancien postulat fonctionne avec une logique remarquable.

Il semble également que les personnes dont les caractéristiques de base sont complémentaires seront moins susceptibles de se faire obstacle que les personnes qui se ressemblent trop, ou qui sont fondamentalement opposées l'une à l'autre. Un grand nombre de querelles amères ne sont rien d'autre qu'une protestation inconsciente de la caractéristique de base d'une personne contre la restriction, la domination ou la simple incompatibilité d'une autre, encore une fois comme l'eau qui éteint le feu, le feu qui brûle la terre, ou la terre qui essaie vainement de porter fruit, en réponse au souffle froid et stérilisant de l'air.

Mais, bien sûr, il est également évident que la structure des relations humaines n'est pas si simple que nous puissions nous catégoriser proprement en quatre paquets séparés et nous en tenir à cela. Quelque chose de l'infinie complexité que l'on aperçoit dans nos relations enchevêtrées apparaît dans la formule lorsqu'on ajoute aux caractéristiques de base les deux autres facteurs du portrait humain, les potentiels et les fréquences, avec leurs possibilités variées d'harmonie et de discorde mutuelles. Et, ici encore, on échappe à une complexité trop déconcertante grâce à l'arrangement ordonné des symboles mêmes et de leurs significations fondamentales.

Les potentiels

Dans le cas des potentiels, symbolisés par les nombres, une espèce de loi harmonique simple semble s'appliquer à l'ensemble. Il est possible qu'un mathématicien omniscient nous fournisse, un jour, l'explication du fait étonnant que la relation la plus harmonieuse entre les potentiels semble se situer, dans la formule, dans un *intervalle de trois* — un Quatre avec un Sept, un Cinq avec un Huit, et ainsi de suite — surtout lorsque les caractéristiques de base qui entrent en jeu sont conformes au postulat des affinités des caractéristiques «amicales», tel qu'on l'a expliqué précédemment.

Comme dans le cas des caractéristiques de base, les relations entre les potentiels semblent sous-entendre des facteurs complémentaires. La polyvalence d'un Sept, par exemple, est équilibrée et régularisée par la stabilité d'un Quatre, ou par la persévérance et le conservatisme d'un Dix, alors que le Dix et le Quatre reçoivent du Sept, en retour, la stimulation et la vitalité nécessaires pour leur éviter de sombrer dans la lourdeur d'esprit et le manque d'imagination.

Encore une fois, l'activité nerveuse du Cinq est équilibrée par la sagacité et la vision claire du Huit, et reçoit de l'adaptabilité du Deux, le don de l'équilibre harmonieux dont elle a besoin. À son tour, le Cinq est naturellement stimulant pour le sens restrictif du Huit et l'incertitude du Deux.

L'intensité du Trois et l'énergie du Neuf peuvent mobiliser la fierté et l'ambition figées du Six, alors que le Six donne une direction, ou un point d'équilibre, aux forces parfois trop positives du Trois ou du Neuf. À partir de cette brève analyse, on voit que le tableau des affinités fournit, dans chaque cas, des facteurs complémentaires *positifs* qui permettent d'équilibrer les facteurs *négatifs* des personnes concernées, ce qui semble certainement un arrangement excellent.

Par ailleurs, les potentiels qui se ressemblent sont peut-être harmonieux, mais ils ne sont pas productifs. Un intervalle de *un* ou de *deux* entre les potentiels produit de la bienveillance et de la camaraderie, mais pas une affection chaleureuse. Un intervalle de *quatre* crée le respect mutuel, mais un intervalle de *cinq* produit presque toujours de l'antipathie mutuelle. L'intervalle de *six* est celui qui se rapproche le plus d'une affinité, mais il n'y parvient pas tout à fait, alors qu'un intervalle de *sept* est, encore une fois, discordant. L'intervalle de *huit* est apparemment si objectif et impersonnel qu'il ne crée ni harmonie ni discorde entre les personnes.

Les fréquences

Comme elles sont les facteurs les plus subtils de la structure établie par la formule, les fréquences, symbolisées par les noms des planètes, se prêtent moins à l'analyse logique que les caractéristiques de base ou les potentiels. Les fréquences sont un peu fuyantes et, avec leur enchantement capricieux, elles poussent souvent l'analyste amateur à faire toutes sortes de spéculations dans des domaines infiniment variés. Il ne fait aucun doute, toutefois, que les fréquences ont reçu leur nom, non pas des planètes, mais des dieux de l'ancienne mythologie, à une époque où chaque déité représentait une émotion humaine simple.

Par rapport à la personnalité, les fréquences semblent plus superficielles que les deux autres facteurs et se prêtent donc à une plus grande variété d'expression dans leur modification de l'individualité. Il s'ensuit que, dans leurs combinaisons, à l'intérieur de relations interpersonnelles, il y a tellement de possibilités d'harmonie et de discorde que même le génie du mathématicien ne pourrait les saisir toutes. Toutefois, on peut, comme toujours, en étudiant leur signification de base, à titre de symboles dans la structure de la formule, déduire une quantité raisonnable d'informations quant à leur application à la question des relations humaines.

Personne ne sait qui a attribué au symbole Saturne la signification psychologique de la sévérité et de la discipline, mais vivre intimement avec quiconque a une fréquence de Saturne dans son cycle de naissance en fournit la preuve. Cette fréquence de sévérité a un autre aspect : une qualité protectrice, bienveillante, qui se manifeste, dans les relations interpersonnelles, comme le point faible de la personne saturnienne. Ceci nous rappelle que la mythologie a donné de nombreux noms à Saturne, notamment *Kronos*, signifiant *temps*, et que l'on parle familièrement du *Bonhomme Temps*, en visualisant un vieux gentilhomme, sévère mais compatissant, avec de longues moustaches et une faux. Il n'est donc pas étonnant de trouver dans la fréquence de Saturne, par comparaison avec les autres fréquences, une bonté paternelle, de même qu'un grand sérieux et un sens aigu des responsabilités. Cette caractéristique a, naturellement, un effet stabilisant sur la versatilité de Vénus, l'impétuosité de Mars ou l'instabilité de la Lune, alors que, si l'on combine Saturne au Soleil, les deux natures sont trop intenses pour produire un heureux mariage. Combinée à Jupiter, la fréquence de Saturne est harmonieuse sur le plan intellectuel; il s'ensuit donc, en règle générale, que cette combinaison donne de meilleurs résultats dans les relations d'affaires plutôt que dans les relations personnelles plus étroites.

Il semble qu'il n'y ait pas de base d'affinités particulières entre les fréquences. Chaque fréquence, considérée du point de vue de ses propres facteurs, se combinera plus ou moins bien, dans les relations, à n'importe quelle autre. Il est logique de s'attendre, par exemple, que Mars et Vénus, déités mythologiques mâle et femelle de la passion physique, aient une affinité l'une pour l'autre. Mais après avoir étudié plusieurs caractéristiques — la nature versatile, instable de Vénus et l'activité nerveuse et combative de Mars — on s'attendrait rarement à une union paisible entre eux, et on la trouve rarement. Il est évident que la combinaison de la dignité du Soleil et de la stabilité de la fréquence de Jupiter ne produirait pas une relation heureuse, car ces deux fréquences sont trop statiques dans leur approche émotionnelle et aboutiront probablement à une impasse. Comme fréquence amicale, Mars s'entendrait beaucoup mieux avec la fréquence de Jupiter ou celle du Soleil qu'avec n'importe quelle autre, et c'est aussi le cas de la fréquence de Vénus, plus versatile, et de celle de la Lune.

Toutefois, les fréquences de Mars et de la Lune, toutes deux instables de façons différentes, sont fondamentalement opposées. Il est intéressant de noter que, dans le tableau des affinités, qui montre les relations les plus harmonieuses possibles de la famille humaine, selon la formule, certaines combinaisons de fréquences n'apparaissent jamais : Mars et la Lune, le Soleil et Saturne, le Soleil et la Lune, Jupiter et Vénus, Jupiter et Mercure, Saturne et Vénus n'apparaissent nulle part, sur le tableau, comme ayant des affinités. Mercure, la plus impersonnelle de toutes les fréquences, est la plus difficile à comprendre lorsqu'il est question de relations humaines, surtout des liens plus intimes, conjugaux, familiaux et parentaux.

Il ressort, toutefois, que les relations entre les fréquences sont les moins arbitraires des trois facteurs et qu'elles permettent la plus grande latitude d'adaptation entre les personnes. Si la science peut découvrir exactement quel rôle jouent les fréquences dans le champ de la terre et des êtres humains, il sera possible d'en faire une analyse plus approfondie. Pour le moment, elles restent un mystère du «continuum quadridimensionnel espace-temps» de la physique des quanta, le seul indice, quant à leur signification psychologique et leur application, se trouvant dans l'ouvrage immortel de Keightley sur la mythologie classique.

Bien que ce modèle de relations puisse sembler arbitraire dans sa structure générale, il est loin de l'être dans ses indications de relations heureuses et malheureuses, réussies ou désastreuses, entre les personnes. Comme l'application personnelle directe de la formule, le modèle des relations est encourageant et donne lieu d'espérer, car il suggère que, grâce à une meilleure compréhension des facteurs de chaque personne concernée et de leurs différentes valeurs complémentaires, de même que de leurs points de désaccord certain, il est possible de s'adapter, même pour les personnes qui ont beaucoup de difficulté à s'entendre et dont les facteurs de naissance individuels ne sont pas conformes aux règles de l'harmonie établies dans le tableau des affinités de la formule.

En plus des relations d'affinités compilées dans le tableau, il est évident que bien d'autres combinaisons peuvent réussir, à des degrés différents. Par exemple, deux personnes qui ont les mêmes caractéristiques de base, les mêmes potentiels ou les mêmes fréquences se comprendront assez bien l'une l'autre, parce que leur approche face à la vie est la même, au moins sous un aspect. La similarité est moins susceptible de semer la discorde que ne l'est un conflit de facteurs opposés, surtout si l'on comprend et apprécie la base de cette similarité, par rapport aux autres facteurs du cycle de naissance concerné. Ici, on ne peut avancer aucune définition exacte. De la même façon que «chaque individualité est infiniment perfectible», chaque relation entre deux personnes peut être «ajustée», sinon à la perfection, du moins suffisamment pour produire une coopération relativement heureuse.

La vraie valeur du tableau d'affinités de la formule se trouve dans le fait qu'il offre un terrain d'entente quant aux affinités et aux antipathies inexplicables qui surgissent chaque jour entre les gens. Il offre une explication possible des amours et des haines passionnées qui existent si souvent entre les gens, sans raison apparente, et du fait que certaines personnes, extérieurement incompatibles, ayant des goûts, des habitudes et une expérience extrêmement différents, s'entendent exceptionnellement bien et forment des relations sociales ou personnelles étroites. Il se peut que la formule contienne la clé de cet ancien épouvantail de la biologie, le mystère éternel de la sélection naturelle et que, si nous connaissions les dates de naissance des plus grands amants de l'Histoire, Dante et Béatrice, Roméo et Juliette, Antoine et Cléopâtre, Aucassin et Nicolette, nous trouverions un indice de l'attrait magique qu'ils exerçaient les uns sur les autres.

Quoi qu'il en soit, le tableau des affinités de relations fait évidemment partie du grand ensemble psychologique établi par la formule. Il a, comme seul objectif possible, l'accroissement du bonheur humain, l'amélioration des compétences individuelles dans la poursuite de la destinée. On peut l'appliquer aux meilleurs usages pratiques en étudiant, à partir de leurs dates de naissance et du rapport entre leurs caractéristiques et les nôtres, les gens avec qui nous vivons et travaillons, les gens que nous aimons et que nous détestons, que nous admirons et craignons et que, dans presque tous les cas, nous n'arrivons pas à comprendre.

3
RIEN DE PLUS QU'UN PAQUET DE CARTES

Qui se préoccupe de vous? dit Alice. (Elle avait repris sa taille originale à ce moment-là.) Vous n'êtes rien de plus qu'un paquet de cartes!

Lewis Carroll

L'origine et la signification du jeu de cartes sont un des derniers mystères de l'Histoire. Personne ne sait qui a inventé le jeu de cartes, quand et où le premier jeu a été construit, ni dans quel but, bien qu'on ait écrit un grand nombre d'ouvrages qui se perdent en conjectures à ce sujet. Toutefois, il est généralement accepté que le jeu que nous utilisons aujourd'hui pour le poker ou le bridge — et pour dire la bonne aventure — est un descendant direct du jeu européen connu sous le nom de «tarot» et que l'on croit d'origine médiévale.

L'ancien jeu, dont les cartes numérotées jouent un rôle si important dans la formule du cycle de dix jours, a été entouré, par certains auteurs, d'une aura de mystère qui a découragé quelque peu la recherche pratique de son histoire et de son origine possible. Toutefois, il semble aujourd'hui que l'une des légendes «occultes» associées à l'invention du jeu de tarot — et, par conséquent, du jeu de cartes moderne, son descendant direct — jette une lumière considérable sur le mystère. Non seulement cette légende s'accorde-t-elle avec certains faits historiques, mais elle offre une explication du lien apparemment fantastique entre la structure du jeu de cartes et l'évolution de l'année solaire, assignant aux cartes, de ce fait, un rôle plus logique, dans la structure de la formule, qu'on pourrait s'y attendre autrement. Les cartes ont toujours eu pour nous un élément de magie, quelque chose d'un peu mystérieux, qui sort de l'ordinaire. Cette légende que les «occultistes» ont gardée jalousement jusqu'à maintenant et que, par conséquent, les historiens ont méprisée, offre une certaine clarification du mystère du jeu de cartes lui-même et, en plus, des sources de la formule du cycle de dix jours.

La légende du tarot nous ramène à l'époque où l'âge des ténèbres devenait le Moyen Âge, selon notre vision actuelle. Il est probable que, du point de vue de l'époque même, l'âge des ténèbres ou Haut Moyen Âge était à son plus sombre et n'entretenait qu'un mince espoir de ramener la raison dans un monde barbare. Nous devons également garder en mémoire que cette légende se rapporte à un moment de l'Histoire où les savants, les scientifiques de l'époque, croyaient à l'harmonie universelle de l'ordre des choses, dont l'homme faisait indubitablement partie. Toutefois, cette approche scientifique était interdite par l'Église chrétienne d'alors. Selon Tertulien, et d'autres auteurs ecclésiastiques, les premiers chrétiens considéraient tous les arts, les sciences et la littérature comme les instruments du diable. Les autorités religieuses — on les traiterait aujourd'hui de dictateurs — ont détruit tous les écrits des anciennes civilisations; elles ont fermé les collèges d'Athènes et d'Alexandrie; elles ont brûlé les bibliothèques. Ces faits sont bien connus, et l'Histoire montre que l'Église a été secondée, dans ses actions totalitaires, par les vagues fréquentes d'invasions de barbares, qui ont balayé un pays après l'autre, détruisant tout sur leur passage. Un auteur décrit ces événements comme «un voile mortuaire intellectuel, la vague noire du barbarisme qui, au cours du Moyen Âge, a failli, de peu, effacer toutes traces de civilisation[1]».

La légende raconte que, aux alentours de l'an 1200, un petit groupe d'hommes érudits se sont réunis en secret à Fez, au Maroc, l'un des derniers bastions de la culture de la civilisation agonisante de l'époque. Même à Fez, au début du XIIIe siècle, le *black-out* intellectuel avançait rapidement. Nous avons lu, dans *The Seven Seals of Science*, que «la plus importante réalisation des Arabes, en Espagne et ailleurs, a été de garder le flambeau de la science allumé, jusqu'à ce que l'Europe chrétienne soit prête à le recevoir, mais leur effort créatif s'était complètement épuisé vers le milieu du XIIe siècle[2]». Notre légende, qui semble donc correctement datée, raconte que les quelques savants restants de l'époque avaient tenu, au début du XIIIe siècle, ce qu'on appellerait aujourd'hui un congrès pour la préservation de la science. Ils s'étaient réunis à Fez pour discuter de façons et de moyens d'enregistrer certaines connaissances importantes qu'ils jugeaient de leur devoir de conserver pour les générations futures. Évidemment, la forme de l'enre-

---

1. *Queen Moo and the Egyptian Sphinx*, Augustus le Plongeon. Publié par l'auteur (page XV).
2. *Seven Seals of Science*, Joseph Mayer. Century Company, 1927 (page 51).

gistrement devait être de nature à ne pas éveiller les soupçons des chrétiens, ni la férocité destructive des barbares.

Après de longues discussions, les savants ont convenu d'un plan. Ils ne pouvaient écrire en mots simples le savoir qu'ils voulaient protéger, puisque les autorités religieuses totalitaires avaient banni toutes formes d'écriture, à part les Écritures saintes. Les symboles mathématiques, alchimiques ou astronomiques étaient également tabous. Il ne restait que deux choses : les illustrations et les nombres. Dans l'un des très rares écrits parlant de cette légende, l'auteur nous dit que «les savants ont eu l'idée d'insérer leurs doctrines les plus importantes dans un livre d'images dont les combinaisons seraient basées sur les harmonies occultes des nombres». Il ajoute que «comme structure de leur invention, les sages ont choisi le système simple des nombres et des lettres offert par la cabale, ou sagesse secrète d'Israël[3]».

Le jeu de tarot est le seul «livre d'images» à avoir survécu au Moyen Âge qui soit relativement conforme aux descriptions de la légende. Le «simple système des nombres» de la cabale est une combinaison des nombres *quatre* et *dix* : les quatre lettres sacrées du nom de Dieu, et les 10 branches de l'Arbre de la vie. Il semble donc qu'un jeu de cartes ayant *quatre* couleurs, chacune comprenant une série de cartes numérotées de un à *dix*, et *quatre* cartes illustrant des membres de la cour : le roi, la reine, le prince et la princesse, réponde assez bien aux exigences cabalistiques de la légende. Historiquement, la légende semble recevoir une certaine confirmation par le rapport officiel sur l'histoire et l'origine du jeu de cartes, préparé par W. H. Willshire pour le *British Museum*, et qui examine les faits accumulés de façon plus exhaustive que n'importe quel autre écrit disponible.

Le rapport du musée établit l'origine du jeu de cartes tout au début du XIIIe siècle et le lieu d'origine généralement accepté est l'Espagne. Selon le rapport, l'une des références les plus anciennes, au sujet du jeu de cartes, est une déclaration de l'abbé de La Rive, historien spécialiste de la Renaissance, à l'effet que les cartes ont été importées en Italie, de l'Espagne, lorsque les Espagnols ont envahi la Sicile et Calabre, sous le règne des princes de Castille, en l'an 1267. M. Willshire fait deux commentaires particulièrement intéressants dans le cadre de la présente recherche et de la formule du cycle de dix jours. À la page 7, il écrit : «Il n'existe aucune preuve satisfaisante à l'effet que l'origine du jeu de cartes ait été tout autre qu'européenne.» Et, à la page 21, après une analyse exhaustive des faits, M. Willshire ajoute : «Des recher-

---

3. *Brief Analysis of the Taro*, Paul Foster Case. Ellicott Press, Buffalo, 1927 (page 2).

ches approfondies prouvent, croyons-nous, qu'au début, la nature de tous les embryons des cartes était purement emblématique et n'avait pour but qu'une distraction éducative[4].»

«Distraction éducative» suggère que la forme première du jeu de cartes n'avait absolument pas pour but les jeux de hasard, mais plutôt l'enseignement ou l'étude. D'autres légendes, qui n'ont pas encore été authentifiées, rapportent que les sages de Fez avaient confié le jeu de cartes aux gitans, parce que personne ne songerait à accuser un diseur de bonne aventure gitan d'être un intellectuel! Le seul problème ici est que les gitans n'apparaissent dans l'Histoire de l'Europe que beaucoup plus tard, ce qui tend à démentir l'Histoire. Il semble plus vraisemblable que des diseurs de bonne aventure rusés, qui connaissaient la relation entre le jeu de carte et le cours du temps, l'aient utilisé pour faire des prédictions; c'est ainsi que serait née la tradition de dire la bonne aventure au moyen des cartes, tradition qui s'est répandue et qui a été utilisée tout au long de l'Histoire par tous les diseurs de bonne aventure, y compris les gitans.

La structure du jeu de tarot semble avoir peu changé depuis sa première apparition connue, au XIIIe siècle. À part quelques différences, comme le nom des séries[5] et l'élimination de la quatrième carte de la cour, la princesse, le jeu de cartes ordinaire utilisé aujourd'hui est construit d'après le jeu de tarot original. Dans sa forme actuelle, le jeu de tarot lui-même inclut une série additionnelle de 22 cartes, appelées les «atouts majeurs» ou «clés». Ces cartes sont connues sous leurs titres traditionnels, qui varient légèrement selon les versions et les traductions, tout en conservant leurs connotations originales[6]. Les 22 clés ne faisaient probablement pas partie du jeu original; c'est ce qu'affirme avec certitude Grillot de Givry, contrairement à de nombreux autres commentateurs du sujet, et l'avis de de Givry me semble le plus logique. Il dit que le jeu à quatre couleurs est indubitablement «d'origine plus ancienne que les 22 mystérieuses illustrations, que l'on est générale-

---

4. British Museum Catalogue of Playing Cards, 1776, chapitre 1, page 21.

5. Les anciens noms des séquences étaient : BÂTONS, COUPES, ÉPÉES ET PENTACLES, qui sont devenues TRÈFLES, COEURS, PIQUES ET CARREAUX, dans cet ordre.

6. Les titres des vingt-deux clés sont : le Fou, le Magicien, la Grande Prêtresse, l'Impératrice, l'Empereur, le Pape, les Amoureux, le Chariot, la Force, l'Hermite, la Fortune, la Justice, le Pendu, la Mort, la Tempérance, le Diable, la Tour, l'Étoile, la Lune, le Soleil, le Jugement, le Monde.

ment porté à considérer plus anciennes, à cause même de leur mystère[7]». La plupart des commentaires sur le jeu de tarot sont entièrement consacrés à une tentative d'explication des «clés» et accordent très peu d'attention aux cartes numérotées, sauf pour remarquer, presque à l'unanimité, que les quatre séries sont attribuées aux quatre «éléments» anciens, le Feu, l'Air, l'Eau et la Terre. On verra plus loin que le document de référence de la formule adopte un point de vue complètement opposé et accorde le rôle principal aux cartes numérotées.

L'origine supposément égyptienne du jeu de tarot, apparemment inventée par un philologue du XVIIIe siècle, Court de Gebelin qui, ainsi qu'on l'a découvert, était un écrivain à l'imagination fertile, plutôt qu'un historien, et sa supposée invention par un peintre français de la cour de Charles VI de France, sont les deux mythes les plus populaires au sujet du tarot. La théorie de l'origine française est basée sur une seule remarque, sûrement authentique, inscrite en 1392 dans un registre de la cour, et faisant mention de «trois jeux de cartes dorées et de diverses couleurs» peintes «pour distraire le roi» par un artiste nommé Gringonneur[8]. Ces deux rumeurs sont contredites dans le rapport officiel du *British Museum*, cité antérieurement, et qui se termine par un long extrait de *Dogme et Rituel de la haute magie*[9] d'Eliphas Levi, célèbre cabaliste français du XIXe siècle.

Un autre angle intéressant et pertinent de la légende du tarot est son allusion à la rencontre «secrète» des sages à Fez. On trouve, dans un grande nombre d'écrits du Moyen Âge et du XVIIIe siècle, une tradition persistante selon laquelle une grande part du «savoir secret» des «anciens sages» avait été transmise de génération en génération, par les membres d'associations secrètes, de groupes qui avaient fait le serment de ne pas transmettre leurs connaissances au public ou, comme on disait alors, à la plèbe. Cette tradition est certainement attribuable à la persécution des scientifiques et des savants par l'Église primitive, au cours du Moyen Âge, et a plus tard été entourée de mystère par les charlatans — et toutes les générations en ont connu — dans le but d'en tirer profit. Tout le *hocus-pocus* de l'«occultisme» semble issu du fait historique de la persécution des universitaires par l'Église, en vue d'obtenir le pouvoir politique. Mais l'idée de secret a un charme si persistant que, même au début du XXe siècle, on trouve, en Angleterre,

---

7. Voir *Le Musée des sorciers, mages et alchimistes*, Grillot de Givry, éd. H. Veyrier, Paris, 1988.

8. *Ibidem*.

9. *Dogme et Rituel de la haute magie*, Eliphas Levi, éd. Niclaus. Paris, 1972.

un de ces «ordres secrets», appelé *The Order of the Golden Dawn*. Cet ordre semble s'être écroulé quelque temps après et certains de ses membres dissidents se sont réunis et ont publié une quantité considérable des écrits privés de l'Ordre. C'est parmi les pages de cette publication[10] que l'on a trouvé la description du jeu de tarot, de même que les attributions et les symboles du cycle de dix jours.

Le lien enre l'*Order of the Golden Dawn* du début du XXe siècle, à Londres, et le Congrès pour la préservation de la science du XIIIe siècle, à Fez, n'est pas aussi farfelu qu'il puisse sembler. Le *Golden Dawn* est considéré comme l'un des ordres secrets de la tradition ancienne, et son histoire et ses écrits, aujourd'hui disponibles sous forme de livre[11], intéresseront sûrement les personnes qui veulent étudier le sujet plus à fond. Toutefois, en ce qui concerne la formule du cycle de 10 jours, le seul document pertinent est la description du jeu de tarot, qui fait partie d'une longue série de documents complexes appelée *Livre T*.

À première vue, le document semble écrit dans le jargon illisible habituel des ouvrages «occultes» et n'avoir aucune signification pratique. Toutefois, en cours de recherches, le chercheur est toujours en quête d'indices; dans ce cas-ci, je cherchais des indices quant aux caractéristiques du temps. C'est ainsi qu'en examinant plus attentivement le *Livre T*, j'ai découvert plusieurs données significatives dans la «description des cartes du tarot et de leurs attributions».

En premier lieu, l'ordre dans lequel les cartes sont décrites est particulier. On ne traite pas des séquences dans leur ordre logique, comme on pourrait s'y attendre, et l'on ne fait qu'une brève description, à la fin du document, des 22 clés, auxquelles n'importe quel ouvrage sur le tarot accorde habituellement la place prépondérante. D'abord viennent les quatre as, décrits comme unité distincte. Ensuite, dans un autre chapitre, on trouve les descriptions des 16 cartes de la cour. Aussi traitées séparément, on fait ensuite les «descriptions des plus petites cartes de chacune des quatre couleurs, répondant aux 36 décans du zodiaque». Le «décan» étant le nom traditionnel du cycle de 10 jours, il n'y a aucun doute quant à l'intention d'établir un lien entre les cartes numérotées et les cycles. Cette corrélation paraissait insignifiante, jusqu'à ce que certains autres détails curieux attirent l'attention. L'un de ces détails était que, plutôt que de décrire les cartes numérotées selon la séquence

---

10. *The Equinox*, en dix volumes; aujourd'hui recherché par les collectionneurs. La description du tarot se trouve dans le volume VIII.

11. *The Golden Dawn*, Israël Regardie, Aries Press, Chicago, 1939. En quatre volumes. Le *Livre T* fait partie du volume IV.

normale, une couleur complète à la fois, les descriptions allaient d'une couleur à l'autre en suivant, non pas l'ordre du jeu, mais l'année solaire. C'est comme si les cartes avaient été volontairement placées selon la structure de l'année.

Un autre facteur remarquable au sujet des descriptions des cartes numérotées était la forme de leur expression, qui diffère largement du reste du document. Un ouvrage «occulte» n'est jamais facile à lire, que le lecteur essaie d'en comprendre le sens ou qu'il se livre simplement à une orgie métaphysique. Dans ce cas-ci, on trouve, dans les descriptions des 22 clés, des as et des cartes de la cour, les longues phrases vagues et entourloupées habituelles. Mais lorsqu'il s'agit de la description des cartes numérotées, le document change soudain d'approche et commence à utiliser des termes qui suggèrent clairement des facteurs psychologiques[12].

Ce contraste dans la terminologie est l'un des premiers indices qu'une formule de facteurs temporels psychologiques (les propriétés du temps, pour employer les termes de Jung) se cache peut-être derrière les phrases archaïques, symboliques, mais logiques et directes, décrivant les cartes numérotées. En analysant les symboles d'après leur signification de base, c'est-à-dire d'après la signification généralement acceptée par les symbolistes de toutes les croyances et de toutes les écoles, la signification psychologique des descriptions des cartes du cycle de dix jours est apparue avec une grande clarté. Et, à mesure que l'on poursuivait les recherches, il devenait de plus en plus évident que les 36 chapitres du document,

---

12. Exemple : Dans la description de l'AS DE BÂTON, on lit : «Le tout est un grand Flambeau brûlant. Il symbolise la Force : la puissance, l'élan, la vigueur et l'énergie, et il gouverne, selon sa nature, différents travaux et différentes questions.» Mais, lorsqu'il décrit le TROIS DE PENTACLES, le document dit : «Étroit et plein de préjugés; intelligence dans les affaires, égoïsme; fûté lorsqu'il est question de profits; parfois porté à rechercher l'impossible.» Le contraste d'expression est remarquable, la description de la carte chiffrée s'appliquant indubitablement à une personnalité.

Le lecteur sera peut-être intéressé d'apprendre que chacune des 78 cartes du tarot est attribuée, dans le *Livre T*, à une partie ou un symbole spécifique du système solaire. Les 22 clés sont réparties entre les 12 signes du zodiaque, les sept planètes et les quatre «éléments». Les 16 cartes de la cour sont assignées à des périodes de temps limitées du système solaire : 12 d'entre elles à des périodes de 30 jours et quatre à des périodes de 90 jours. Les quatre as sont attribués, plutôt vaguement, aux quatre «éléments». On l'a noté, les cartes numérotées sont spécifiquement associées aux 36 cycles de 10 degrés de l'année solaire, chacun englobant approximativement 10 jours de l'année civile.

supposément applicables seulement aux cartes même du tarot, étaient en réalité une série de portraits clairs de personnalités, décrivant toutes les personnes nées au cours de chacun des cycles de dix jours. La moyenne d'exactitude, après des tests raisonnables, était trop élevé pour permettre d'en douter.

La recherche actuelle suggère que, en construisant le jeu de tarot original, les sages de Fez ont dessiné un glyphe, ou symbole composé, de toutes les forces combinées qui influencent le monde dans lequel nous vivons, ainsi qu'ils le comprenaient à l'époque. Ce faisant, ils enregistraient également leur conviction — comme le montre l'exactitude de la formule — à savoir que l'humanité fait assurément partie d'un ordre des choses universel. D'après la science de l'Antiquité, on pouvait tout analyser selon les quatre classifications fondamentales : Feu, Eau, Air et Terre, et la structure du jeu de cartes reflète fidèlement ce postulat dans les quatre séquences.

Les anciens considéraient comme une hypothèse de grande importance cette idée d'une quadruple structure de l'univers. Elle apparaît dans toutes les philosophies anciennes et était indubitablement le principe sousjacent de la croix comme symbole universel, ce symbole étant, bien sûr, beaucoup plus ancien que le christianisme. Il apparaît d'ailleurs sous la forme d'un svastika grossier, sur une tablette maya très ancienne, découverte au Mexique, et était clairement un symbole sacré[13], même du temps des Mayas. Un point intéressant au sujet de cette croix maya, en ce qui concerne la présente recherche, est le fait que les quatre bras de la croix sont de longueurs différentes, comme pour souligner leurs différences. Tous les symboles sacrés sont groupés par *quatre*; Ézéchiel, dans l'*Ancien Testament,* attache une très grande importance aux «Quatre Bêtes» : le Lion, l'Aigle, le Taureau et l'Homme. Dans le *Nouveau Testament,* on trouve les quatre Évangiles, et quiconque s'est intéressé au sujet fascinant des anges sait que quatre archanges étaient à la tête de la hiérarchie céleste : Michel, Gabriel, Raphaël et Uriel. Il semble qu'on ne puisse échapper au nombre quatre : nous avons quatre saisons, quatre vents et quatre temps au rythme d'une musique de marche. Dernier fait, mais non le moindre, nous avons quatre couleurs dans notre jeu de cartes. Le seul vain effort qu'on a fait, il n'y a pas si longtemps, pour introduire une cinquième couleur dans le jeu de car-

13. La tablette n° 1321 de la collection Niven, décrite par James Churchward, dans *The Children of Mu* (page 41) comme «la clé de l'univers». Ives Washburn, 1931.

tes de bridge, s'est soldé par un échec total. À la lumière de la relation apparente entre la structure du jeu de cartes et l'année solaire, un tel effort ressemble à une tentative de changer le cours de la nature, ce qui, comme tout le monde le sait, est tout à fait impossible!

Le jeu de cartes, donc, est-il un plan psychologique complexe de la famille humaine, selon les cycles changeants de l'année solaire? Une telle idée, bien sûr, est tellement contraire aux théories acceptées qu'elle semble plus près de la fantaisie que de la réalité. Mais l'exactitude de la formule du cycle de dix jours, qu'on n'aurait jamais pu élaborer sans le jeu de tarot, suggère qu'Alice avait peut-être raison après tout, quand elle a dit de la race humaine en général — juste au moment où elle retrouvait sa taille normale après ses aventures au Pays des Merveilles — «vous n'êtes rien de plus qu'un paquet de cartes!».

L'idée est loin d'être décourageante. Car si les sages de Fez avaient une si haute opinion de la compréhension de la famille humaine en tant que structure harmonieuse et ordonnée — à une époque où des vandales détruisaient rapidement tout ce qui prouvait que l'homme était beaucoup plus qu'une bête rapace — qu'ils se sont donné la peine de créer cet outil ingénieux et indestructible et de le donner à déchiffrer aux générations à venir, alors l'humanité est peut-être meilleure qu'elle peut parfois nous sembler. Notre respect de soi, en tant qu'êtres humains, peut-être grandement accru quand on découvre que la structure psychologique de l'individualité humaine était une des choses que les sages ont tentée de soustraire à la destruction de l'âge des ténèbres, et l'on peut certainement sourire de complicité en découvrant la place secrète qu'ils ont choisie pour la protéger.

4
LE MONDE DANS LEQUEL NOUS VIVONS

La science n'est pas qu'un ensemble de lois, un catalogue de faits détachés. C'est une réaction de l'esprit humain, qui invente librement des idées et des concepts.

Albert Einstein

Peut-être la science pure commence-t-elle là où finit le bon sens!

Edward Kasner

Si la vulgarisation de sujets scientifiques amorcée ces dernières années n'a accompli rien d'autre que d'accroître notre émerveillement face au monde dans lequel nous vivons, elle a tout de même créé un lien amical entre le scientifique et le profane. Nous sommes en train de perdre l'impression de séparation, entre la science et la non-science, qui a prévalu pendant si longtemps et qui n'était, après tout, que le successeur naturel de la crainte révérentielle superstitieuse du citoyen ordinaire du Moyen Âge face à l'alchimie et à la magie. Comme le dit un mathématicien moderne : «En ce qui concerne la plupart des sciences, le voile du mystère est en train de se déchirer graduellement.»

Grâce à ces liens d'amitié récents avec les scientifiques, le profane est en train de découvrir avec plaisir que les scientifiques ne prétendent aucunement tout savoir à propos de tout. Ils ne sont pas omniscients; eux aussi se demandent en quoi consiste l'ordre des choses sur terre. Et il est remarquable qu'un grand nombre d'auteurs scientifiques d'aujourd'hui adoptent une position de plus en plus ouverte à l'idée qu'il puisse y avoir eu, dans le passé lointain, des sciences et des scientifiques dignes de ce nom. Les recherches historiques modernes ont permis de découvrir des preuves à l'effet que Diodore, «le père de l'Histoire», n'était pas un créateur de fantasmes, comme on le croyait encore récemment, mais un rapporteur consciencieux et précis d'événements qui ont vraiment eu lieu. Les mathématiciens attribuent à Archimède la base du calcul intégral et du calcul différentiel, comme on peut le lire dans *Mathematics and the Imagination* (les Mathématiques et l'Imagination) de Kasner et Newman. Les physiciens commencent à se demander s'il est possible que les changements qui se produisent dans l'atmosphère céleste soient reliés à des changements dans la psychologie des masses; Harlan True Stetson expose ce sujet au profane dans *Sunspots and Their Effects From the Human Point of View* (les Taches solaires et leurs Effets du point de vue humain). Les biologistes ont commencé à considérer, et même à étudier sérieusement, l'idée ancienne, et auparavant discréditée, des effets possibles de la saison de la naissance sur les capacités et l'énergie humaines individuelles.

Season of Birth (les Saisons et la Naissance), d'Ellsworth Huntingdon, de l'Université Yale, a été publié en 1937. L'ouvrage contient un rapport complet sur des études exhaustives menées pendant les vingt années qui ont précédé sa publication, dans les domaines de la recherche biologique, de la génétique et de l'eugénique, partant directement du point de vue du conditionnement par la date de naissance des individus et des groupes. Les saisons, plutôt que des périodes de l'année plus courtes, forment la base de cette recherche générale, mais les mois entrent nécessairement en ligne de compte, ce qui permet de comparer, de façon générale, le rapport statistique de M. Huntingdon à la formule du cycle de dix jours. Les résultats de cette vérification sont intéressants, car ils soulignent plusieurs facteurs qui suggèrent que, non seulement les scientifiques de l'Antiquité étaient férus d'astronomie et de mathématiques, mais aussi de biologie, et que leur système de psychologie incluait possiblement les trois domaines de la science. Il semble également que le langage du symbolisme — utilisé par les savants de l'Antiquité pour éviter les problèmes sémantiques — contenait une touche d'humour.

Un des principaux énoncés de l'ouvrage de M. Huntingdon est qu'il existe, de façon certaine, une «saison de pointe» des naissances de personnes célèbres. Cette saison a lieu en janvier, février et mars de chaque année, et la pointe de la période même se trouve au milieu de février. Plus de personnes *célèbres* naissent au cours de cette période qu'à n'importe quelle autre période de l'année.

Les douze types «astrologiques» traditionnels ne semblent aucunement reliés à ce phénomène. Les périodes du zodiaque incluses dans la période de pointe sont le Capricorne, le Verseau et les Poissons, et les écrits n'attribuent à aucun de ces signes le don inné de l'ambition ou du génie. On dit des Capricornes qu'ils ont l'esprit pratique et bûcheur; les Verseaux sont censés être humanistes, et les Poissons, selon les écrits, s'intéressent aux choses spirituelles et ne recherchent pas du tout la gloire sur terre.

On trouve, toutefois, dans la formule du cycle de dix jours, une correspondance directe avec la pointe des naissances célèbres «découverte» par les biologistes du XXe siècle. À partir du premier cycle de janvier (le TROIS de Capricorne), jusqu'au tournant de l'année astronomique, en mars, les facteurs psychologiques suggérés par les symboles de la formule, de même que les caractéristiques établies dans les descriptions originales et les noms donnés aux cartes de tarot correspondantes, tracent tous des portraits clairs du *type de personnes* capables d'accéder à la gloire et à la proéminence dans les affaires mondaines. La carte qui se trouve à l'apogée du cycle de la renommée — le SIX de Verseau, dans la formule — est nommée «Succès mérité», et les titres des cartes qui la précèdent et la suivent dans la séquence suggèrent également cette idée de succès. Les scientifiques de l'Antiquité étaient manifestement conscients de cette «période de pointe de la gloire». Et plus encore : il est également évident que les eugénistes de la Grèce et de l'Égypte de l'Antiquité étaient arrivés à la même conclusion que celle de nos spécialistes modernes quant à la cause de cette pointe.

Ellsworth Huntingdon a rapporté que les scientifiques modernes croient que la période de pointe des naissances célèbres, qui s'étend sur les trois premiers mois de l'année civile, est due au fait que la conception de ces naissances a lieu au printemps et que le degré de vitalité des conceptions printanières a quelque chose à voir avec la naissance, au milieu de l'hiver, des meilleurs bébés. Les symboles du zodiaque indiquent que les premiers «astrologues» en étaient conscients.

Personne ne sait qui a nommé les constellations, ni pourquoi. Il est probable que lorsque la carte astronomique, telle que nous la connaissons aujourd'hui, a été tracée pour la première fois, la constellation du Bélier se levait, en même temps que le Soleil, le 21 mars, commencement traditionnel de la nouvelle année, ou aux alentours de cette date. Bien sûr, les constellations ont changé, à cause de la précession des équinoxes, et le Bélier n'est plus le signe du lever du Soleil du 21 mars, en ce qui concerne les constellations. Ceci, comme on le verra plus loin, n'affecte aucunement la formule. Le BÉLIER — comme tout le reste, à l'époque — n'était *qu'un symbole* — représentant tout simplement, dans ce cas-ci, la première période de 30 degrés de l'année solaire. Il semblerait que la nomenclature des «signes» du zodiaque était un geste subtil et significatif de la part des astronomes-psychologues de l'Antiquité et qui n'avait rien à voir avec les constellations comme telles, mais seulement avec la séquence annuelle des périodes de 30 degrés.

Les trois premiers «signes» du printemps — du 21 mars au 21 juin — sont appelés, respectivement : BÉLIER, le bouc, TAUREAU, le boeuf, et GÉMEAUX, couramment appelés LES JUMEAUX, mais connus à l'origine comme LES AMOUREUX. Dans les temps anciens, comme aujourd'hui, le BOUC et le BOEUF étaient des symboles de virilité sexuelle, et le signe des AMOUREUX, comme symbole, parle de lui-même. C'est un exemple parfait de l'utilisation créative et fonctionnelle du symbolisme comme langage scientifique.

Il semble donc que les savants anciens n'ignoraient pas les possibilités du printemps comme saison d'accouplement. Non seulement ont-ils nommé les périodes de conception de façon artistique et symbolique, mais ils ont aussi défini avec force détails, dans les écrits sur le cycle de dix jours, les caractéristiques résultantes, dans la psychologie des périodes de naissance correspondantes, et ont nommé les cartes du tarot en conséquence. Une autre corrélation est mise en lumière dans le diagramme annexé au livre et illustrant l'année en séries de quatre «vagues», la pointe des naissances célèbres coïncidant exactement avec la pointe de la quatrième vague[1]. On peut, sans trop taxer son imagination — et les autorités actuelles disent que les mathématiques exigent de l'imagination — considérer cette quatrième vague comme le point le plus élevé des séries annuelles de quatre vagues, le point culminant d'une mesure à quatre temps en musique. Les statistiques relevées en cours de recherche sur le cycle de 10 jours indiquent une pointe indéniable de naissances célèbres à cette période de l'année. Plus de gens célèbres naissent entre le 30 janvier et le 9 février qu'au cours de n'importe quel autre cycle de l'année.

La formule va un peu plus loin que les statistiques biologiques, comme cela arrive souvent. La «saison de la naissance» nous donne l'impression désagréable que, à moins d'avoir eu la chance de choisir de naître

---

1. En ce qui concerne le diagramme des quatre vagues de l'année solaire (voir les premières pages du livre), il est intéressant de noter que les scientifiques modernes commencent à rejeter la coutume de calculer le début des saisons par rapport aux équinoxes et aux solstices. Ces derniers, semble-t-il, marquent en réalité le milieu des saisons, et non le début. On a découvert que l'été commence *aux environs du 4 mai* et se termine *aux environs du 4 août*, et c'est alors que l'automne commence réellement. Ces deux dates, qui se trouvent dans les *cycles de pointe* de la série de vagues annuelles de la formule, suggèrent une autre corrélation entre les anciennes sources de la formule et les découvertes de la physique et de l'astronomie modernes.

entre janvier et avril, nous n'avons pas d'autre choix que d'aller nous mettre en file au bureau de l'aide sociale. La formule du cycle de 10 jours nous donne au moins des possibilités égales, peu importe à quel moment nous sommes nés, et elle n'indique pas moins de trois autres «périodes de pointe de la gloire» au cours de l'année, et chacune s'est avérée exacte en cours d'analyse. Chaque cycle SIX est une de ces pointes, pour la simple raison logique que le potentiel SIX est celui de l'*ambition*. Les SIX sont des personnes qui désirent profondément devenir célèbres, et c'est en nombres étonnamment élevés qu'elles réussissent à obtenir ce qu'elles veulent, comme le démontre l'expérience. À ce sujet, les statistiques satisferaient même un mathématicien : parmi 420 personnes très célèbres et choisies au hasard, 80 étaient nées au cours de l'un ou l'autre des cycles SIX et, de ces 80, pas moins de 30 étaient nées au cours d'un cycle situé à la pointe de la quatrième vague, le SIX de Verseau. On a également découvert que les personnes moins connues qui sont nées au cours de l'un ou l'autre des cycles SIX ont toutes un type de personnalité décidément forte et puissante. L'expérimentation auprès d'amis — et d'ennemis — de même qu'auprès de célébrités, le confirmera dans la majorité des cas.

Il semble possible qu'une des raisons pour lesquelles les scientifiques anciens parvenaient à compiler le quotient d'une personnalité avec autant d'exactitude au moyen de la formule du cycle de 10 jours, était qu'ils s'intéressaient aux êtres humains plus qu'aux atomes, aux ions ou aux ergs et qu'ils reliaient donc d'abord leurs découvertes à l'homme lui-même. Il semble également possible qu'ils aient été conscients de ce que Jung appelle «les propriétés du temps», qu'il décrit comme suit :

> Il semble, en effet, que loin d'être une abstraction, le temps est un continuum concret contenant les propriétés des conditions de base, qui se manifestent elles-mêmes simultanément à divers endroits, d'une façon qu'on ne peut expliquer par des coïncidences. Le fait qu'il est possible d'établir le caractère d'une personne, de façon adéquate, à partir des circonstances de sa naissance, démontre la valeur relative de l'astrologie.

> Mais la naissance ne dépend jamais des constellations astronomiques mêmes, mais d'un système temporel arbitraire et purement conceptuel parce que, en raison de la précession des équinoxes, le point du printemps a dépassé depuis longtemps le degré zéro du Bélier. Dans la mesure où il existe des déductions astrologiques vraiment exactes, elles ne sont pas attribuables à l'effet des constellations, mais à nos caractères temporels hypothétiques. En d'autres termes, tout ce qui naît ou est accompli à un moment donné du temps *a les mêmes propriétés que ce moment donné du temps*[2].

---

2. *Secret of the Golden Flower*, Richard Wilhelm, commenté par C. G. Jung (page 143), Harcourt Brace, 1931.

Le portrait du temps que trace le docteur Jung se rapproche très étroitement, comme *continuum concret*, de l'idée de la physique moderne selon laquelle le temps et l'espace ne sont pas deux choses séparées mais une seule. Comme le dit Sir James Jeans :

> La nature ne connaît pas l'espace et le temps comme séparés, puisqu'elle ne s'intéresse qu'au continuum quadridimensionnel, dans lequel l'espace et le temps sont soudés de façon inséparable, pour produire ce que l'on peut appeler l'*espace-temps*.

Le point de vue humain, poursuit Sir James, est nécessairement astigmate lorsqu'il s'agit d'observer le fonctionnement de l'univers. Mais, ajoute-t-il :

> Lorsqu'on enlève ses lunettes d'humain, on peut voir qu'un événement n'est plus un point dans l'espace à un moment du temps, mais qu'il existe plutôt à un point de continuum, ce point identifiant à la fois le temps et le lieu de l'événement[3].

L'exactitude de la formule de ce cycle de 10 jours semble suggérer que quelqu'un, quelque part, a enlevé les lunettes d'humain dont parle Sir James, et a réussi à analyser *les propriétés du temps*. Comment cela s'est produit, personne ne le sait, mais les résultats sont beaucoup trop réalistes pour permettre que l'on avance les alibis du mysticisme, de l'intuition, de l'inspiration divine, ou autres notions du genre. On a déjà suggéré que la seule façon possible de créer un registre comme celui de la formule du cycle de 10 jours serait d'utiliser une méthode de recherche statistique et que, par conséquent, c'est sans doute la méthode qu'on a utilisée pour sa construction originale[4].

Depuis le dernier quart du siècle, le respect des contemporains pour les civilisations de l'Antiquité s'est accru considérablement. Le début de l'ère chrétienne n'est plus un point tournant miraculeux, derrière lequel se cache un monde superstitieux, sans science, et dont les religions sont basées entièrement sur des fantasmes mythologiques. La période finale de la culture alexandrine — ces derniers siècles fascinants avant Jésus-Christ — a particulièrement gagné en estime auprès des savants modernes.

Les historiens sont d'accord que les astronomes alexandrins savaient que le soleil est le centre du système planétaire, comme l'avait enseigné Pythagore, plusieurs siècles auparavant[5], et que la terre est ronde.

---

3. *The New background of Science*, Macmillan, 1933 (page 101).
4. *Mathematics for the Million*, Lancelot Hogden, Norton (page 64).
5. Dans *The Seven Seals of Science*, Mayer dit : «En réalité, le système Copernicien a été mis sur pied par Pythagore dans les temps anciens et a été complété par Kepler au XVIe siècle.»

Archimède et Euclide étaient deux des plus brillantes étoiles de la période alexandrine; et Ératosthène, l'un des derniers grands libraires, a mesuré la circonférence de la terre avec une exactitude presque parfaite, à partir de calculs mathématiques[6]. Ce n'est qu'au IIe siècle ap. J.-C., lorsque Ptolémée a déclaré que la terre était le centre stationnaire du système céleste, et qu'il s'est imposé comme une espèce de dictateur intellectuel, que la vérité au sujet de l'univers s'est perdue, pour n'être redécouverte que près de 15 siècles plus tard. Ptolémée n'a jamais été populaire parmi les scientifiques. Hippolyte a écrit avec passion, dans sa *Réfutation de toutes les hérésies* : «Oh! croyance incroyable, que Ptolémée soit considéré éminemment sage parmi ceux qui ont cultivé semblable sagesse[7]!» Sous le règne de Ptolémée, la culture alexandrine, produit des civilisations égyptienne, babylonienne, hébraïque et grecque, a commencé à dépérir.

La théorie ptoléméienne d'une terre stationnaire a été adoptée par l'Église primitive, car elle s'accordait bien avec les croyances paléochrétiennes. Ce fait a indubitablement contribué à provoquer le *black-out* intellectuel le plus incroyable — décrit au chapitre précédent — qui a duré à partir de l'époque de Ptolémée, au IIe siècle ap. J.-C., jusqu'au temps de Copernic, qui est né en 1473. On se rappellera que la légende du tarot situe à 1200 ap. J.-C. le moment approximatif de l'invention du jeu de cartes, dans lequel, présumément, on a caché certains des enseignements de la science ancienne, pour les soustraire à la destruction des chrétiens et des barbares.

Au cours du Haut Moyen Âge, deux sujets, entre autres, étaient tabous : le ciel et la destinée humaine. Ces questions relevaient directement de l'autorité de l'Église. Le ciel était mis à part, comme l'endroit où les bons iraient après la mort et, comme tel, n'avait rien à voir avec la vie sur terre. Une telle idée était de l'hérésie pure. La destinée humaine était déterminée par Dieu, et Dieu était le domaine de l'Église. Toute autre théorie non approuvée par le totalitarisme épiscopal avait pour effet que son auteur était promptement et douloureusement «éliminé». Le progrès de la science, qui avait connu une apogée indéniable au cours de la période alexandrine, s'arrêta. Si l'autorité épiscopale déclarait — ainsi qu'elle l'a fait — que la terre était plate et stationnaire, et que le

6. Voir *Ancient Times : A History of the Early World*,, J. H. Breasted (p. 469-70). Eratosthène a calculé que le diamètre de la terre était de 7 850 milles, une erreur d'à peine 50 milles.

7. *L'Évolution des idées en physique*, Einstein et Infeld, Petite Bibliothèque Payot, Paris, 1963 (page 142).

soleil et les planètes tournaient respectueusement autour d'elle, à la gloire de Dieu, le sujet était clos. Il ne fait aucun doute qu'une quantité considérable de connaissances s'est perdue au cours de l'âge des ténèbres.

Toutefois, tel que nous l'avons déjà souligné, certains écrits ont survécu. Et si l'on étudie objectivement les données anciennes et modernes, il semble y avoir une similarité perceptible entre les concepts anciens et les concepts modernes quant à la structure du monde dans lequel nous vivons.

L'un des concepts fondamentaux de la science ancienne était que la lumière est invisible aux yeux de l'homme, mais que ses vibrations sont à l'intérieur et à la surface de tout ce qui existe, sur terre et dans les cieux. On disait également qu'il était possible d'apprendre à reconnaître, à comprendre et même à utiliser et à maîtriser cette «lumière». Aujourd'hui, la physique moderne est d'avis que l'univers — y compris tout ce qui existe sur terre — est composé d'ondes éternellement vibrantes de quelque chose, personne ne sait quoi, que l'on croit de nature électrique. À la suite de l'élaboration de cette hypothèse, une nouvelle théorie s'est répandue : celle du *champ*, qui englobe la relativité, la théorie du champ et la théorie des quanta. C'est dans *l'Évolution des idées en physique*, un ouvrage très accessible au profane, qu'Einstein a écrit : «Pour le physicien, le champ est aussi réel que la chaise sur laquelle il est assis[8].»

À titre de science, la physique s'intéresse à l'étude de la force et de l'énergie, du mouvement, de la température, des vibrations et autres sujets connexes, y compris, bien sûr, l'électricité. En termes non techniques, le champ de la terre est *l'atmosphère subtile* du monde dans lequel nous vivons. La radio a prouvé l'existence de ce champ par la découverte de l'ionosphère : littéralement, une sphère qui entoure la terre de façon si complète que l'enveloppe extérieure forme un plafond contre lequel les ondes radiophoniques vont se frapper et rebondissent. La science ionosphérique est capable de mesurer les variations d'énergie à l'intérieur de ce champ, et on a découvert que l'accroissement et la diminution de l'énergie, au cours de l'année solaire, est régulière et suit une courbe répétitive. On a également découvert que la cause principale de ces changements est l'action du soleil ou le soleil lui-même[9].

---

8. *Ibid.* (p. 142).
9. Voir *Scientific Progress*, Macmillan, 1936, chapitre intitulé «Electricity in the Atmosphere», par le professeur E. V. Appleton, F.R.S. (page74).

L'importance du soleil dans l'ordre des choses sur terre deviendra peut-être de plus en plus évidente à mesure que la recherche scientifique approfondira ces questions. Les rituels des adorateurs du Soleil de l'Antiquité étaient peut-être basés davantage sur la raison que sur la superstition. Qu'il s'agisse tout simplement de notre santé physique ou du fonctionnement de l'appareil radiophonique le plus complexe, il semble que nous soyons dépendants du soleil, dont le globe d'or était vénéré comme un dieu par les mêmes personnes qui ont eu suffisamment d'intelligence pour construire la grande pyramide de Giza. Aujourd'hui, l'étude de la radiation solaire et de ses effets possibles sur le monde dans lequel nous vivons, de même que sur l'humanité, individuelle et collective, est l'un des problèmes majeurs de la recherche scientifique. Comme le dit Harlan Stetson, spécialiste des taches solaires :

> Peu importe à quel point les mondes lointains peuvent sembler fascinants et peu importe à quel point les galaxies distantes peuvent sembler intrigantes dans nos gros télescopes, le soleil est certainement l'étoile la plus importante pour nous, êtres humains qui vivons sur la planète[10].

Si l'on prend en considération, donc, que le soleil est de première importance pour nous, et que les changements dans le champ de la terre sont manifestement attribuables à des changements de radiation solaire, tel qu'il a été démontré par les recherches ionosphériques, il est intéressant de comparer le langage de certains énoncés scientifiques très anciens sur ce sujet, à celui d'un énoncé très moderne.

Dans l'un des écrits les plus anciens qui aient survécu, appelé *la Tablette d'émeraude d'Hermès*, date et auteur inconnus, on trouve cet axiome :

> Ce qui est en haut est comme ce qui est en bas, et ce qui est en bas est comme ce qui est en haut... C'est la puissante force de toutes les forces, dominant toutes les choses subtiles et pénétrant toutes les choses solides. C'est tout ce que j'ai à dire *au sujet du fonctionnement du soleil.*

Cette tablette, considérée comme une énigme par les historiens et les scientifiques, et comme de la métaphysique par les mystiques et les occultistes, est peut-être tout simplement un énoncé clair sur un fait scientifique. Comparons-là à un commentaire de Harlan Stetson au sujet des cycles de taches solaires et de leurs effets mesurés sur la vie terrestre :

> Chaque fois qu'un changement se produit dans les charges électriques de la haute atmosphère, il faut s'attendre à trouver des changements correspondants dans le magnétisme de la terre[11].

---

10. *Sunsports and Their Effects,* Harlan True Stetson, McGraw-Hill, 1937 (page 10).
11. *Ibid.* (page 134).

Certains physiciens ou mathématiciens de l'avenir seront en mesure d'interpréter cette étonnante corrélation d'idées mieux qu'on ne l'a fait jusqu'à maintenant. Toutefois, compte tenu que nous avons entre les mains, comme hypothèse de travail, la formule du cycle de 10 jours, il semble que son minutage ordonné de types d'énergie changeants puisse avoir un lien très étroit avec les changements connus de la radiation solaire — non seulement avec la courbe annuelle qui sert de base à la formule des personnalités, mais avec les cycles de temps plus longs qui sont la cause principale des maux de tête des statisticiens du monde des affaires.

En d'autres termes, il semble que le monde dans lequel nous vivons soit un royaume ordonné, le soleil occupant le poste de monarque puissant, dont les desseins, à l'endroit de ses sujets, sont entièrement constructifs, si seulement on peut les comprendre. Nous vivons à l'intérieur du champ de la terre, que nous considérons maintenant comme un produit de la relation soleil-terre, c'est-à-dire de la révolution de la terre autour du soleil, qui se poursuit, sans changement, depuis une période de temps considérable. Nous réagissons *physiquement* au changement des saisons, en enlevant ou en mettant des vêtements, en achetant de la glace ou du charbon. Est-il impossible de penser que nous réagissons aux changements subtils du «champ», qui affectent nos sensibilités *psychologiques*, de la même façon que le froid et la chaleur affectent nos corps? Ce n'est qu'à partir d'une telle hypothèse que l'on peut expliquer les applications absolument pratiques de la formule du cycle de 10 jours.

Anciennement, on tenait pour conviction que l'être humain était construit de la même façon que l'univers; que l'individu était une sorte de réplique du système solaire, soleil et planètes compris. Le Soleil symbolisait la centrale électrique, ou son coeur; Vénus, ses émotions; Mars, ses qualités combatives; Mercure, son esprit; Jupiter, son sens de la justice; Saturne, son sens de la discipline et de la coordination.

La science moderne — surtout depuis l'avènement de la théorie du champ — arrive graduellement à la conclusion que l'homme, comme n'importe quoi d'autre dans la nature, est construit à partir de principes électriques. Non seulement vit-il dans le champ de la terre, absorbant continuellement ses vibrations, mais il est lui-même entouré et enveloppé par son propre champ parfait, correspondant, dans ses éléments essentiels, au champ de la terre, et réagissant aux changements qui se produisent dans ce champ. À ce sujet, Harlan Stetson écrit :

Une chose semble certaine : les recherches dans les domaines de la médecine moderne, de l'électricité et de la structure de la matière nous font prendre de plus en plus conscience de l'électricité et, en retour, explique cette conscience même en termes d'électricité[12].

Ce n'est qu'en tenant compte des lois scientifiques connues que l'on peut formuler de nouveaux postulats. L'idée de conditionnement par la date de naissance (qui n'a pas de lois connues), s'explique très simplement en termes de procédure biologique, reliée à la théorie du champ magnétique et à l'idée que «notre conscience même» s'explique en termes d'électricité. Si le corps physique, dans toute sa complexité ordonnée, peut surgir d'un nucléus microscopique, formé au moment de la conception, pourquoi ne pourrait-il y avoir aussi un nucléus psychologique, aspiré du champ au moment de la naissance?

En d'autres termes, ne serait-il pas possible qu'à sa naissance, au moment, dans le temps, où l'être humain devient une partie du champ de la terre, au moment où il prend sa première respiration, l'organisme nouveau-né *reçoive une charge de ce moment du temps*, dont les caractéristiques créent le nucléus de l'équipement psychologique de cet être humain?

C'est, à tout le moins, une question qui mérite d'être prise en considération.

Si le conditionnement par la date de naissance finit par prendre sa place, comme facteur, dans l'ordre des choses humain, et la formule suggère que ce serait possible, notre conception générale de la race humaine, comme telle, sera considérablement modifiée. L'idéal apparemment inaccessible de la «fraternité universelle» prend l'aspect d'une possibilité, à la lumière de notre compréhension réciproque accrue et de nos rôles individuels dans la structure de la famille humaine.

Toutefois, nous ne ferons pas l'erreur de considérer tout le monde comme «du bon monde» simplement parce qu'ils sont humains. Grâce à la formule, nous saurons, si un Hitler se pointe à l'horizon, que le côté négatif de n'importe quel CINQ de Taureau produit un désir du pouvoir excessif, et nous ne lui attribuerons pas des vertus et des désirs complètement étrangers à sa nature. Pas plus que nous ne déléguerons un DIX de Poissons flexible, comme Chamberlain, pour affronter la duplicité cruelle d'un Hitler. Ce qu'il fallait, dans le cas de l'inoubliable crise de Munich, était un Mussolini britannique, un CINQ contre un CINQ, ou quelque autre personnalité *dynamique*, à potentiel positif et à fréquence puissante. Napoléon, qui était un SEPT de Lion, aurait peut-

---

12. *Ibid.* (page 137).

être réussi à dominer Hitler lors de cette crise; on peut facilement imaginer le scénario!

La très importante question d'envoyer l'homme qu'il faut pour accomplir une tâche, peut se résoudre rapidement en utilisant la formule, tel qu'il a été prouvé par des applications pratiques au cours de la phase expérimentale. À partir de ce point, il est facile de voir que l'application pratique de la formule pourrait s'étendre et favoriser une tolérance générale et informée de l'ensemble de l'humanité à l'égard de chacun d'entre nous. Et, indéniablement, cette tolérance ferait du monde dans lequel nous vivons une demeure beaucoup plus agréable qu'il ne l'a été jusqu'à maintenant pour la plupart d'entre nous.

5
LES PROPRIÉTÉS DU TEMPS

À ce stade, il paraîtra évident aux lecteurs de cet ouvrage que si la formule du cycle de 10 jours fonctionne tel qu'il est décrit en relation avec le conditionnement par la date de naissance et la psychologie individuelle, elle doit s'appliquer également, de façon plus large et générale, à la psychologie des masses. C'est-à-dire que si les changements périodiques qui se produisent dans le champ de la terre tout au long de l'année solaire, tels qu'ils sont définis par la formule, affectent l'être humain à la naissance dans la mesure qui semble — selon l'expérience — être le cas, il est probable que ces mêmes changements joueront un rôle dans le changement constant des humeurs et des sentiments humains que nous appelons la psychologie des masses ou des foules. Comme l'a dit le docteur Jung, ce n'est pas uniquement ce qui *naît* à un moment donné dans le temps qui «adopte les propriétés de ce moment donné du temps», mais aussi ce qui est *accompli*[1] : actions, événements.

Au début de mes recherches sur le cycle de 10 jours, alors que la formule commençait à prendre forme, il est devenu de plus en plus évident que, logiquement, la réponse des gens, en général, à ce qui se passait dans le monde à n'importe quel moment du temps, *devait* être conditionnée par les caractéristiques psychologiques du cycle courant, et j'ai donc entrepris une étude spéciale de cette question. Comme on peut le constater en les analysant, certains cycles semblent produire certaines tendances de base chez l'être humain : optimisme, pessimisme, sérénité, combativité, énergie, léthargie, espoir et peur. Il y a des cycles qui semblent inspirer aux natifs d'être stables, pratiques et travailleurs; d'autres qui produisent des natures instables et indécises. On a découvert, en suivant l'actualité et en analysant les réactions du public telles qu'elles ont été rapportées dans les médias, tout en adhérant étroitement à ces principes de base, que chaque fois qu'il se produisait un chan-

---

1. *The Secret of the Golden Flower*, Wilhelm, commenté par le docteur Jung. On trouve, au dernier chapitre de cet ouvrage, commençant à la page 143, un long commentaire du docteur Jung au sujet du conditionnement par le temps. Harcourt Brace, New York.

gement cyclique, on pouvait détecter, dans la psychologie du public, un changement correspondant.

Une vie entière de travail serait nécessaire pour développer de façon appropriée une recherche d'un telle envergure. Il est presque impossible d'observer tout à fait objectivement les événements et les conditions des êtres humains, ce qui est pourtant, bien sûr, nécessaire au succès de n'importe quelle étude statistique. Un scientifique peut observer, au moyen d'un microscope ou d'une éprouvette, les changements qui se produisent dans le matériau de ses expérimentations, et il peut noter ce qui se passe avec une exactitude objective. Il est beaucoup plus difficile de juger les changements qui se produisent dans les grandes vagues émotionnelles des êtres humains, telles qu'elles se reflètent dans les événements; seul un robot peut être objectif au sujet des guerres, des révolutions, des élections! Par conséquent, il devient nécessaire de trouver un champ d'activité humaine qui serve de cochon d'Inde expérimental à l'étude des changements dans la psychologie des masses, en relation avec les cycles de 10 jours. Ce champ d'activité doit englober un grand nombre de personnes et en être un où les changements psychologiques auraient un effet suffisamment manifeste pour qu'on puisse l'enregistrer. Si possible, le rapport traitant de ces effets devrait être un document officiel, public, dont les données ne pourraient être mises en doute, ni donner lieu à des alibis.

Heureusement, un tel cochon d'Inde s'est présenté, par coïncidence, juste au bon moment. L'auteure était mariée à un homme dont le premier intérêt dans la vie était les principes économiques de la finance et qui, depuis plusieurs années, observait de près les fluctuations de la Bourse. Les gens qui sont familiarisés avec ce champ d'activité admettent généralement que les marchés grimpent et chutent en relation directe avec les impulsions psychologiques et non pas, comme on le croit souvent, à cause de quelque combinaison logique ou calculable d'événements ou de circonstances. Bien sûr, dans cette jungle qu'on appelle le monde des affaires, toutes les personnes qu'on rencontre ont une nouvelle théorie sur ce qui affecte le marché et si vous faites confiance à n'importe laquelle d'entre elles, vous risquez de perdre votre chemise. Ces faits sont trop bien connus pour qu'on s'y attarde ici; nous ne le mentionnons que pour souligner le fait que, en adoptant la Bourse comme cochon d'Inde pour étudier les propriétés du temps et les cycles de 10 jours, nous n'avions nullement l'intention de nous improviser pronostiqueur, ni de violer les chasses gardées des conseillers en placements.

Il faut retenir de tout ceci que la Bourse répondait aux deux exigences d'un tel test. Les taux de la Bourse fluctuent à mesure que «la psychologie du marché» passe de l'optimisme au pessimisme, de l'espoir à la
peur, de la confiance à la panique. Et, chaque jour, les changements
de taux moyens sont compilés et présentés sous forme de graphiques
dans les journaux. Ainsi, la Bourse constitue un sujet presque parfait
pour l'étude des réactions d'un très grand nombre de personnes aux
changements cycliques qui se produisent dans la psychologie des masses; le graphique des moyennes raconte ce qu'il en est de jour en jour,
et les risques d'erreur ou d'illusion sont à peu près inexistants.

Au cours des 45 années que cette étude a duré, un grand nombre
de facteurs intéressants se sont manifestés. Dès le début, on ouvrait
de nouveaux sentiers, car l'idée d'étudier la Bourse du point de vue unique de la psychologie, en laissant strictement de côté tous les autres
supposés facteurs, était tellement révolutionnaire que c'était comme
apprendre à jouer d'un nouvel instrument de musique au moyen d'une
technique que personne ne comprenait. Toutefois, on a découvert, très
tôt dans l'expérimentation des cycles de dix jours, qu'au cours des cycles
fortement caractérisés par l'optimisme ou le pessimisme, la Bourse était
susceptible d'atteindre le point culminant d'un mouvement en hausse
ou à la baisse, et de changer de direction à la fin du cycle. On a découvert qu'un pourcentage très élevé de changements de tendances a lieu
au moment du passage d'un cycle à un autre; au cours d'une période
de six ans particulière, trois des quatre changements de tendances se
sont produits moins de 24 heures après un changement de cycle. Et,
à part la simultanéité des changements de tendances — ce qui, bien sûr,
est d'une importance capitale pour les agents de change et les investis-
seurs — des preuves se sont accumulées à l'effet que la réaction du public
participant, face aux conditions du marché, changeait réellement en même
temps que les cycles de 10 jours, même lorsque le raisonnement le plus
logique ne trouvait aucune cause de changement. Les chroniqueurs
experts en finances s'avouent eux-mêmes perplexes, la plupart du temps,
devant les caprices des tendances du marché. On pourrait remplir un
volume d'exemples de changements soudains dans la psychologie de
la Bourse, que ne pouvait expliquer, le lendemain, le plus astucieux des
chroniqueurs de la Bourse. La grande majorité de ces changements soudains se produisent au tournant d'un cycle de 10 jours, comme on peut
le constater en analysant n'importe quel graphique des tendances et en
observant les mouvements de la Bourse du point de vue des cycles.

La Bourse étant en quelque sorte un petit monde à l'intérieur du grand, et répondant à sa propre façon aux forces changeantes du champ de l'année solaire, elle a servi de guide pour assurer l'exactitude de l'application des symboles de la formule, non plus à la psychologie individuelle, mais à la psychologie des masses. On a beaucoup appris, au moyen de cette expérience, au sujet de la valeur pratique des expressions positives et négatives des cycles, de l'interaction du potentiel et de la fréquence et de la force sous-jacente de la caractéristique de base de chaque cycle. Et ce travail a également donné lieu à ce qui n'est qu'une prolongation logique de la théorie du cycle, à savoir une base permettant de calculer, à long terme, les cycles au cours desquels on peut évaluer la psychologie dominante dans le monde, et de juger avec exactitude à quel moment on peut s'attendre à des changements, et dans quelle direction. On ne pourrait appeler ces spéculations des prophéties, au sens habituel de prédiction des événements. L'utilisation de la formule du cycle de 10 jours en vue d'évaluer les changements de tendances du monde ne s'intéresse qu'aux changements psychologiques, qu'à *la façon dont les gens se sentent* face à ce qui se passe.

Les recherches historiques exhaustives qu'il reste à faire dans ce domaine sont d'une envergure et d'un intérêt extraordinaires; jusqu'à maintenant, nous avons à peine effleuré la surface de l'étude à long terme des cycles. Mais cela a suffi à démontrer très clairement qu'il existe bel et bien une séquence de changements ordonnée et définissable dans les «propriétés du temps» et que la formule du cycle de 10 jours offre un point de départ acceptable pour évaluer l'ordre et la définition de ces changements.

L'application pratique des cycles à long terme, dans l'étude des changements de psychologie des masses, n'est certainement pas aussi simple et aussi directe que la corrélation des cycles de 10 jours et des caractères individuels : on pourrait comparer la différence entre ces deux procédés à la différence entre l'arithmétique et le calcul différentiel. L'auteure ne prétend aucunement pouvoir maîtriser l'aspect «calcul différentiel» de la formule, mais simplement avoir découvert qu'il existe et avoir amorcé son élaboration, avec l'aide d'autres personnes. Ici encore, la Bourse fournit des données fiables, mais, bien sûr, les implications des changements à long terme dans la psychologie des masses dépassent les limites des phénomènes économiques ou politiques, et touchent jusqu'aux instincts de la vie les plus profonds. Il est à espérer que cet aspect du sujet sera élaboré dans un autre volume, et s'il a été présenté ici, c'est tout simplement pour répondre aux questions que les lecteurs peuvent soulever quant aux possibilités d'applications plus larges de la formule du cycle de 10 jours.

L'idée que le temps possède des caractéristiques, ou qu'il puisse être la cause de quoi que ce soit est, bien sûr, étrangère à la façon de penser de notre époque. Cela n'a pas toujours été le cas; tel qu'il a été mentionné ailleurs, certaines périodes de civilisation et de culture indubitablement sophistiquées ont accepté d'emblée la théorie de la causalité du temps, et c'est pourquoi des ouvrages aussi étrangement exacts que le *Livre T*, contenant les descriptions des cartes du tarot, existent encore aujourd'hui. Le docteur Jung, connu pour son ouverture d'esprit face à de telles questions, a appelé l'hypothèse du temps-causalité *le principe synchronistique*, qu'il décrit comme «la simultanéité relative de conditions de base se manifestant simultanément à différents endroits, d'une façon que ne peuvent expliquer les coïncidences causaules[2]».

Comme le souligne le docteur Jung, cette façon de penser fait défaut à la structure philosophique du monde depuis l'époque d'Héraclite, mais elle n'a jamais été complètement perdue. Elle a pris, comme on sait, certaines formes étranges et peu convaincantes, aux mains des charlatans et des devins. Comme elle est un tableau clair et simple de l'année solaire, en termes psychologiques de tous les jours, la formule du cycle de 10 jours ne mérite pas d'être rangée avec les spéculations nébuleuses de la confrérie des diseurs de bonne aventure. Elle se rapproche plutôt du champ, du continuum espace-temps de la physique moderne, que même les physiciens ne prétendent pas comprendre. Einstein a écrit :

> Un nouveau concept apparaît en physique, l'invention la plus importante depuis l'époque de Newton : le champ. Il a fallu beaucoup d'imagination scientifique pour comprendre que ce ne sont pas les charges, ni les particules, mais le champ spatial entre les charges et les particules qui est essentiel à la description des phénomènes physiques. Le concept du champ s'avère plus efficace et mène à la formulation des équations de Maxwell décrivant la structure du champ électromagnétique et régissant l'électricité, de même que les phénomènes optiques.
>
> La théorie de la relativité découle de ces problèmes de champ. Les contradictions et les illogismes des vieilles théories nous obligent à attribuer de nouvelles propriétés au continuum espace-temps, au théâtre de tous les événements de notre monde physique[3].

---

2. Voir note 1.

3. *L'Évolution des idées en physique*, Einstein et Infeld, Petite Bibliothèque Payot, Paris, 1963. Tout le chapitre de ce livre intéressant intitulé «Le champ, la relativité» est d'un grand intérêt en relation avec la recherche sur le cycle de 10 jours et éclairera certainement le lecteur.

La vérité sort de la bouche des enfants, dit-on. Il se peut que l'étude des fluctuations de la Bourse et de la formule du cycle de 10 jours nous apporte au moins quelques-unes des réponses au problème scientifique du continuum espace-temps, de même qu'au problème éternel de l'explication du comportement des gens.

6
LA POURSUITE DU DESTIN

Comme bien d'autre mots, le mot *destin* s'est attiré des connotations négatives imputables au mauvais usage qu'on en a fait. On lui a attribué une signification fataliste tout à fait étrangère à sa racine latine, exprimée beaucoup plus clairement dans un autre de ses dérivés, le mot *destination*. Dans le titre de cet ouvrage au sens d'un but — d'une destination — choisi et poursuivi par l'être humain exerçant entièrement son libre arbitre. Il n'y a rien de fataliste ni d'inévitable au sujet du destin de qui que ce soit, selon la formule du cycle de 10 jours.

L'idée d'être classé, catégorisé, étiqueté comme un article de consommation au rabais a toujours répugné à l'être humain en évolution. Cette répugnance est probablement l'un des facteurs qui ont empêché les anciennes théories du conditionnement par la date de naissance de faire l'objet d'une attention et d'une analyse adéquates de la part de la science moderne; à cause des formes douteuses de leur présentation, ces théories ont semblé à la fois absurdes et une insulte à l'intelligence humaine. En général, la même objection s'applique aux nombreuses tentatives différentes des psychologues et des biologistes qui essaient de partager arbitrairement la famille humaine en groupes répartis selon des symptômes de comportement, d'apparence ou de réactions. Nous n'aimons tout simplement pas qu'on nous dise précisément ce que nous sommes et ce que nous ne sommes pas et, pourtant, si contradictoire est la nature humaine qu'un grand nombre d'entre nous cherchent continuellement des réponses aux problèmes de la connaissance et de la compréhension de soi. N'importe quel catalogue de la littérature occultiste le prouve; n'importe quel charlatan astucieux peut s'enrichir au moyen d'une méthode secrète d'analyse de la personnalité. C'est un sujet populaire et, pourrait-on dire, pour consommation privée seulement. Toutefois, reconnaître publiquement toute espèce de classification est une autre histoire; nous n'aimons pas cela.

C'est pour cette raison apparemment contradictoire que la formule du cycle de 10 jours a été condensée, tant bien que mal, dans cet ouvrage. Quiconque observe le monde aujourd'hui, ou par le biais de l'Histoire, ne peut éviter de prendre conscience de l'appétit vorace des êtres humains pour une place dans l'ordre des choses, qui leur revient de droit inaliénable. Cette faim prend mille formes différentes; elle est la source de presque toutes les entreprises, bonnes ou mauvaises, constructives ou destructives, individuelles ou collectives. Et il est remarquable que, chaque fois que l'on assouvit cette faim par la réalisation de ce que nous appelons la *liberté*, l'individu, le groupe ou la nation accomplissent de grandes choses.

Dans le cas de l'individu, dont se préoccupe principalement cet ouvrage, un tel sens de la liberté ne peut venir que d'un respect de soi naturel. Il est difficile de respecter ce que l'on considère taré — et, tel que nous l'avons noté précédemment, la grande majorité d'entre nous souffrent d'un sentiment d'infériorité qui nous a été imposé par des normes artificielles de jugement personnel. C'est ici que la formule du cycle de 10 jours semble apporter sa plus grande contribution, en évitant de nous ennuyer ou de nous insulter par une classification arbitraire. Elle nous montre l'ordre *naturel* de l'humanité, où, à titre d'êtres humains, nous avons, dès notre naissance, le droit inaliénable d'occuper une place. Et, sans limiter d'aucune façon nos possibilités d'épanouissement, de réalisation et de bonheur, elle suggère, pour chacun d'entre nous, la voie naturelle de moindre résistance dans la poursuite de notre destin, naturelle parce c'est notre voie individuelle, quelque chose que personne ne peut nous enlever.

Immanquablement, lorsqu'il s'agit d'essayer d'évaluer ou de résumer les principes fondamentaux de la formule — après y avoir travaillé durant plusieurs années — l'auteure se heurte à l'impossibilité de transmettre intégralement le fruit de ses découvertes. Comme le dit le proverbe écossais : «Les mots ne sont que du vent; mais voir, c'est croire.»

À cause de la variété infinie des réactions humaines, il serait présomptueux d'essayer d'anticiper, d'une façon ou d'une autre, les réactions de chaque lecteur devant les faits et les théories, modernes et anciennes, inclus dans la formule. En d'autres termes, on ne peut transmettre ses convictions à une autre personne; celle-ci doit voir elle-même la vérité pour en être convaincue. Le tableau de l'année solaire, avec ses séries périodiques de cycles ordonnés, dépendant, pour leur changement, de la relation entre la terre et le soleil — qui n'a jamais changé —, aura sa propre signification, pour vous qui lisez cet ouvrage. Le concept du champ de la terre, changeant régulièrement de potentiel, de fréquence et de caractéristique, auquel nous devons réagir, chacun à notre façon, parce que nous visons à l'intérieur de ce champ, prendra sa propre forme dans votre vision mentale.

On a découvert, toutefois, que l'une des suggestions les plus constructives issues de la formule est l'idée même de *changement*. Les gens de nature optimiste trouveront facile de croire qu'une période de désespoir profond viendra à passer, qu'ils «se sentiront mieux» la semaine prochaine ou le mois prochain. Mais pour ceux d'entre nous qui ne sont pas doués de l'adaptabilité de l'optimisme naturel et qui doivent se fier à leur raison ou à leur logique, il est réconfortant de savoir que, d'ici quelque temps, le nuage noir qui semble nous engloutir aujourd'hui se transformera en quelque chose de totalement différent — l'espoir, la détermination ou le simple équilibre — en réaction aux changements qui se produiront dans les propriétés du temps. Cela arrive réellement, bien qu'il soit difficile de le croire, jusqu'à ce qu'on en ait fait l'observation.

Par exemple, au printemps de 1940, la panique s'est emparée du monde, le 10 mai, lorsqu'Hitler a envahi soudainement les Pays-Bas et la Belgique. Le 11 mai est le premier jour du cycle du SEPT de Taureau qui, du côté négatif, présente un champ de force pessimiste et lâche et qui a tendance à dominer les facteurs positifs. La panique qui s'est répandue le 11 mai prenait des proportions étonnantes. Même le plus calme des commentateurs de la radio a rempli les ondes de remarques désespérées et les manchettes de journaux devenaient de plus en plus alarmantes chaque jour. Les titres de la Bourse se sont vendus à une vitesse effrénée... jusqu'au 21 mai, alors que le cycle a changé et que, simultanément, la confiance a remplacé la panique, le courage a remplacé la peur et la détermination a remplacé le désespoir. Les commentateurs ont repris espoir; les manchettes de journaux sont devenues moins sombres; à Londres et à New York, les marchés de la Bourse se sont mis à remonter. *Rien de catastrophique ne s'était produit pour provoquer ce changement;* en Europe, la situation était déconcertante. Mais l'esprit du monde — apparemment mené par l'Angleterre — est passé, en une nuit, de la lâcheté négative à la confiance positive, en réaction à la stabilité et à la force du cycle du HUIT de Gémeaux. Ce n'est qu'un exemple parmi tous ceux que j'ai observés et notés au cours de recherches sur le cycle de 10 jours, et je ne le cite que pour illustrer la validité de la théorie du cycle, relativement au maintien de l'équilibre durant les périodes de panique, et, plus important encore, au maintien de la confiance en l'avenir, sans laquelle la vie serait intolérable.

La confiance en l'avenir, la confiance en soi et la tolérance vis-à-vis des autres, issues de la compréhension, c'est ce que nous offre la formule, qu'on l'accepte ou qu'on la rejette. Il est peut-être significatif que son apparition à ce moment-ci coïncide avec ce qui semble, à l'observateur plein d'espoir, un retour général de l'humanité à des idéaux individualistes. Pas l'individualisme débridé qui écrase les faibles pour atteindre son but, mais l'individualisme authentique de l'homme ou de la femme qui se respecte, qui poursuit son propre destin à sa façon, selon ses propres désirs, et qui reconnaît la même liberté à ses semblables. Ce n'est pas une philosophie égoïste; le désir profond d'une personne qui se respecte n'a jamais pour effet de faire souffrir ni de blesser les autres, et l'être humain qui se respecte suit les principes fondamentaux de l'honnêteté et du savoir-vivre sans lesquels il ne peut y avoir de respect de soi.

À la lumière du portrait du temps que nous ont légué des bienfaiteurs du passé inconnus, le destin devient, comme le *Tao* de la philosophie chinoise, à la fois la voie que nous empruntons et le but que nous visons. Nous sommes conscients de faire partie de la structure ordonnée de la vie, mais parfaitement conscients, en même temps, de notre liberté de choisir nous-même l'usage que nous ferons des armes que nous détenons, et cette liberté est un droit que nous acquérons en naissant. Mais la formule nous assure, avec une franchise sans compromis, que le destin n'est pas quelque chose que nous impose le sort, bienfaisant ou malfaisant. On nous donne certaines armes, tirées de l'arsenal de la nature; à nous de décider à quelle fin les utiliser. Le destin est quelque chose que nous devons accomplir, que nous devons poursuivre, pour lequel il nous faut lutter. Et c'est probablement la raison pour laquelle le portrait du temps et du conditionnement par la date de naissance tracé par le cycle de dix jours est devenu, au terme de son développement, une formule : une formule de poursuite du destin.

IMPRIMERIE L'ÉCLAIREUR
Une division de Groupe d'imprimeries Quebecor inc.

18055